VOCÊ ESTÁ DEIXANDO A SUA VIDA PARA DEPOIS?

NATTHALIA PACCOLA

COMO A PSICANÁLISE PODE TE AJUDAR A SE LIBERTAR DA PRESSA E ENCONTRAR O SEU TEMPO INTERIOR

VOCÊ ESTÁ DEIXANDO A SUA VIDA PARA DEPOIS?

PAIDÓS

Copyright © Natthalia Paccola, 2025
Copyright © Editora Planeta do Brasil, 2025
Todos os direitos reservados.

Preparação: Wélida Muniz
Revisão: Fernanda França e Marianna Muzzi
Projeto gráfico e diagramação: Claudia Lino Design Studio
Capa: Kalany Ballardin | Foresti Design

CIP-BRASIL. CATALOGAÇÃO NA PUBLICAÇÃO
ANGÉLICA ILACQUA CRB-8/7057

Paccola, Natthalia
    Você está deixando a sua vida para depois? / Natthalia Paccola. -- São Paulo : Planeta do Brasil, 2025.
    144 p.

ISBN: 978-85-422-2991-2

1. Psicanálise 2. Felicidade I. Título

24-5328   CDD 150.195

Índices para catálogo sistemático:
1. Psicanálise

Ao escolher este livro, você está apoiando o manejo responsável de florestas do mundo e outras fontes controladas

2025
Todos os direitos desta edição reservados à
Editora Planeta do Brasil Ltda.
Rua Bela Cintra 986, 4º andar – Consolação
São Paulo – SP – 01415-002
www.planetadelivros.com.br
faleconosco@editoraplaneta.com.br

Para Gustavo e Verena,
que dão voz aos seus desejos.

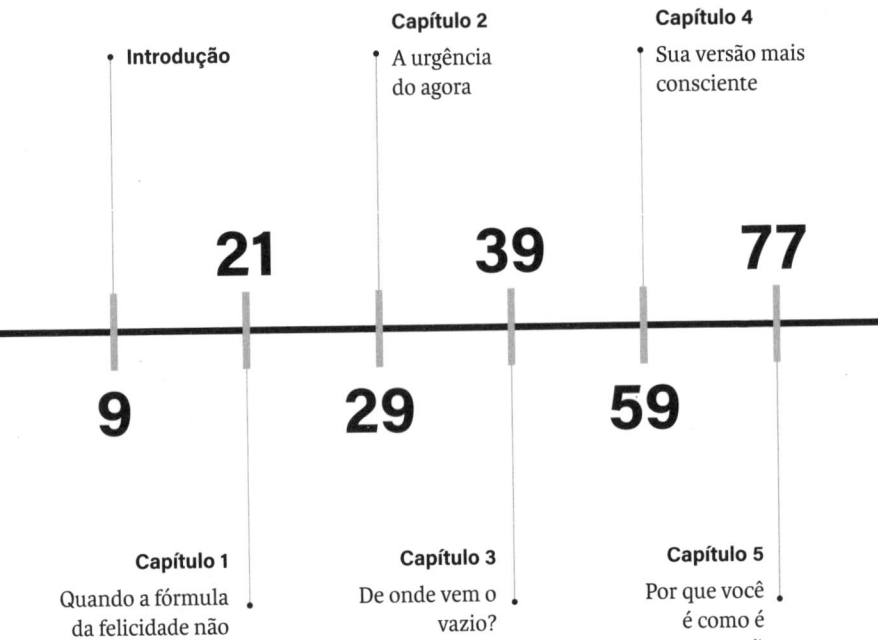

- **Introdução** — 9
- **Capítulo 1** — 21
  Quando a fórmula da felicidade não deu certo
- **Capítulo 2** — 29
  A urgência do agora
- **Capítulo 3** — 39
  De onde vem o vazio?
- **Capítulo 4** — 59
  Sua versão mais consciente
- **Capítulo 5** — 77
  Por que você é como é (ou acha que é)

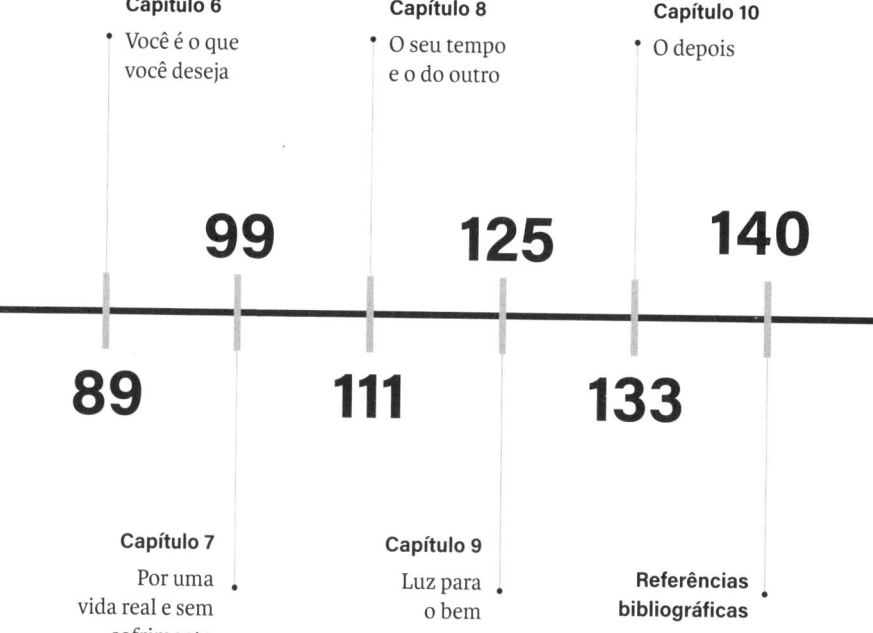

Capítulo 6 — Você é o que você deseja — 89

Capítulo 7 — Por uma vida real e sem sofrimento — 99

Capítulo 8 — O seu tempo e o do outro — 111

Capítulo 9 — Luz para o bem — 125

Capítulo 10 — O depois — 133

Referências bibliográficas — 140

Introdução

É possível que você tenha aberto este livro e o esteja folheando por estar com a sensação de ter deixado a vida para depois. Mas o que significa "deixar a vida para depois"? Isso é bom ou ruim? Num primeiro momento, deixar para depois pode ser interpretado como renunciar a fazer algo de bom para si mesmo agora, neste instante. Talvez a pergunta insinue que haja procrastinação, falta de compromisso ou qualquer outro tipo de comportamento que leve você a se questionar sobre isso.

Proponho, então, uma pausa para olhar para si mesmo e se conectar com a única pessoa que pode determinar qual é a melhor vida que você pode ter: *você*. Não existe ninguém mais credenciado do que nós mesmos para dizer o que nos traz felicidade, satisfação e realização. No entanto, a maioria das pessoas delega essa resposta, deixando que ela venha de fora.

Nascemos e crescemos comprando muitas ideias do que é sucesso e do que é viver bem. Existem muitas receitas por aí, não é mesmo? Somos influenciados pelos pais, por professores, por familiares e amigos. A sociedade, o grupo de amigos, a mídia e, hoje, até mesmo os influenciadores digitais trazem modelos prontos do que é ter uma vida plena. Mas o que, diante de tudo isso que se apresenta, ressoa com quem você realmente é? Nessa vida frenética, cheia de afazeres, já se permitiu ter um tempo para meditar sobre suas escolhas?

Quando se está consciente, o "deixar a vida para depois" é uma escolha coerente, pois o depois é só depois. Não é necessário nomear. Quando você entra em contato com a sua consciência e sabe quem é, o medo de deixar para depois perde o sentido. Você escolhe o seu agora e o seu depois sem que isso lhe cause culpa ou frustração. Cada decisão está conectada à sua essência, e você age apoiado nos seus valores. Dessa forma, a vida passa a ter mais significado porque ela se torna o reflexo da sua melhor versão.

Do ponto de vista psicanalítico, essa atitude pode ser entendida também pelo conceito de procrastinação, que muitas vezes está enraizado em conflitos internos inconscientes. Freud, em seu livro *Repressão*, sugeriu que a procrastinação pode estar relacionada a mecanismos de defesa, como a repressão e a racionalização. A repressão ocorre quando pensamentos e desejos dolorosos são empurrados para o inconsciente, enquanto a racionalização envolve a criação de justificativas lógicas para evitar enfrentar uma realidade desconfortável.

Quando deixamos a vida para depois, podemos estar evitando a angústia associada a enfrentar medos, desejos reprimidos e conflitos internos. Essa atitude até proporciona um alívio temporário, mas frequentemente resulta em sentimento de culpa, inadequação e frustração.

É importante considerar que adiar certos desejos ou gratificações imediatas pode ter um propósito significativo no desenvolvimento pessoal e na construção de um futuro mais satisfatório. Esse adiamento não necessariamente implica evitar a vida, mas é uma estratégia consciente e útil para alcançar objetivos maiores e mais importantes.

Talvez algo dentro de você esteja pedindo atenção. Eu sei bem como é. Aparece como um incômodo, uma insatisfação, uma angústia, um desabafo: *Não estou feliz*. E essa fala pode até ser ouvida com surpresa pelas pessoas. "Mas... por que você não está feliz? Sua vida é tão boa!" De fato, esse mal-estar não é exclusivo de quem está convivendo com uma doença grave, tendo dificuldades financeiras importantes ou qualquer outro problema complicado. O incômodo é, vamos dizer, democrático. Atinge jovens e mais velhos. Casados e solteiros. E por que ele se instala?

Escrevi estas páginas com este propósito, para que você tenha condições de tirar suas próprias conclusões. O caminho será trilhado com a ajuda da Psicanálise, campo no qual venho me aprofundando há quinze anos. Gosto de dizer que passo madrugadas com Freud, Irvin D. Yalom, Zimerman, Gikovate, Nietzsche... Me especializei na área que escolhi para ser a base da minha missão de vida.

Vejo a Psicanálise como uma ferramenta prática de autoconhecimento e acredito que seus conceitos podem chegar às pessoas de forma profunda, mas acessível. E, assim, beneficiá-las. As mais de 3 milhões de pessoas conectadas aos meus perfis nas redes sociais, os Fãs da Psicanálise, são uma prova disso.

Falar sobre uma teoria que explora o inconsciente de maneira empírica e lúdica, sem precisar cortejar teorias através de palavras difíceis sempre foi o propósito do meu trabalho. A Psicanálise não precisa ser vista como um tratamento caro e demorado, pelo contrário. Ao ler os textos de Freud, é possível perceber o quanto a sua escrita é acessível; a verbalização, em muitas passagens, é feita em primeira pessoa e seus exemplos revelam fatos de sua intimidade. Freud foi o primeiro a se colocar como cobaia da sua teoria, explorando e deixando visível nos seus livros a própria essência do seu pensamento e vida.

E por falar em Sigmund Freud, aproveito para entrar um pouco na história da Psicanálise, que foi desenvolvida por ele no final do século 19 e representou uma revolução no entendimento dos processos mentais. Em *Dois verbetes de enciclopédia*, o pai da Psicanálise a definiu como "um procedimento para a investigação de processos mentais que são quase inacessíveis por qualquer outro meio". Esse outro meio é o ponto-chave, ou seja, é o que o paciente verbaliza durante a sessão de análise. Por isso se diz que a Psicanálise é a cura através da fala, da expressão da liberdade.

Freud foi ousado para sua época ao não se conformar com a falta de recursos da medicina tradicional para ajudar as pessoas que sofriam dores psíquicas. Ele empregou todos os seus recursos físicos, intelectuais e financeiros na busca pelo entendimento e alívio do que aflige a mente.

O que me fascina na Psicanálise é ela ser um método de tratamento que acolhe as particularidades. O analista, a partir da fala, das intervenções, das interpretações, das pontuações e das construções, como nos traz Freud, vai criando espaço para o paciente conseguir se descobrir, dar conta do seu desejo, encontrar o caminho onde se perdeu, acessar partes de histórias que estavam esquecidas ou negadas. É um método de tratamento clínico e, também, um método de investigação, de procura, como afirmam Laplanche e Pontalis.

Embora tenha toda uma teoria por trás da Psicanálise, Fonagy e Target nos lembram de que ela é, acima de tudo, uma prática que leva os pacientes a ter maior consciência quanto ao que fazer com os próprios sintomas, modos de enfrentar seus sofrimentos e suas ilusões.

Por essa razão passei a compartilhar no Fãs da Psicanálise os conflitos mentais e dilemas existenciais que todos nós enfrentamos no dia a dia. Utilizo imagens, vídeos e textos que trazem conceitos da Psicanálise de maneira acessível e leve. Sem a preocupação com o rigor acadêmico, essas mensagens têm gerado milhares de relatos de verdadeiras transformações na vida dos seguidores.

Muita gente pensa que a Psicanálise é apenas para quem está lidando com algum conflito emocional, e isso é uma grande verdade, já que todos nós temos conflitos emocionais, em maior ou menor grau. Todos os dias enfrentamos pensamentos e questões que nos tiram a paz, seja um incômodo

Todos nós temos conflitos emocionais.

permanente ou passageiro. Esses conflitos levantam uma questão crucial: até que ponto somos capazes de nos conhecer para amenizar esse desconforto, tomar decisões sábias e fazer escolhas alinhadas com nossos verdadeiros desejos?

Este é um ponto importante: precisamos olhar para nossos próprios desejos, não para o desejo dos outros, nem para as vidas aparentemente perfeitas exibidas nas redes sociais. A Psicanálise nos ajuda a focar em nossas necessidades genuínas e a viver de maneira mais autêntica e satisfatória.

Ela serve basicamente para apresentar uma pessoa a ela mesma, ajudando-a a entender quem ela é de verdade. A maioria das pessoas a procura para resolver problemas específicos como crises no casamento, dificuldades no trabalho ou outros desafios do cotidiano. Outras sentem que algo está errado consigo mesmas quando experimentam angústias intensas sem saber exatamente por quê.

Meu primeiro passo como psicanalista é ajudar essas pessoas a perceber que o verdadeiro problema está na dificuldade de pensar claramente sobre a própria vida. E pensar claramente não significa apenas raciocinar. É uma capacidade que está ligada à tolerância, às frustrações e às emoções intensas.

Nesses novos tempos ficou mais difícil ainda lidar com as emoções. Muitas vezes a pessoa desenvolvida não é aquela que se livra das frustrações, mas sim aquela que consegue suportá-las e pensar nelas de forma clara, sem distorcer a realidade para evitar o desconforto.

> Pensar claramente implica ter capacidade de negociar com as próprias emoções enquanto elas acontecem. Isso permite uma percepção mais realista dos fatos da vida. Se não conseguimos tolerar nossas emoções, tendemos a distorcer ou negar os eventos para evitar lidar com o que sentimos, o que nos leva a perder o contato com nossa verdadeira identidade.

O psicanalista Wilfred Ruprecht Bion sugeriu que, em uma batalha, a vitória tende a estar ao lado do comandante que consegue enfrentar as adversidades mantendo a clareza de pensamento. Ele compara a elucidação dos nossos conflitos internos a um comandante que, em meio a um bombardeio, consegue continuar pensando claramente sobre a situação em vez de agir com impulsividade para escapar das emoções intensas.

Ter consciência das nossas reações emocionais é fundamental para entender o que se passa ao nosso redor. Tornar consciente o que é inconsciente, como Freud propôs, é uma das tarefas centrais da Psicanálise. Esse processo permite que entremos em contato com emoções que antes eram insuportáveis para que aprendamos a lidar com elas de maneira saudável.

Ao aceitar e respeitar nossa verdadeira natureza, podemos desenvolver um caminho que atenda às nossas necessidades genuínas, levando-nos a uma vida mais satisfatória e plena. Quando reconhecemos e integramos nossos sentimentos mais profundos, somos capazes de viver de forma mais autêntica, alinhando as ações com nossos valores e desejos mais íntimos.

> **Esta é a essência da Psicanálise:** ajudar você a ser quem realmente é, e não quem acha que deve ser ou quem desejam que você seja.

Com isso, é possível alcançar uma felicidade mais verdadeira. Como Freud tão bem expôs em *Uma dificuldade no caminho da psicanálise*: "Volte seus olhos para dentro, contemple suas profundezas, aprenda primeiro a conhecer-se então compreenderá porque está destinado a ficar doente e talvez evite a adoecer no futuro".

Faço o mesmo convite. Use as informações deste livro como um GPS do seu mapa interno. A partir desse entendimento, será possível ter mais clareza de como seus processos mentais funcionam e, consequentemente, obter respostas de por que age de certas maneiras e faz determinadas escolhas. Para facilitar o entendimento de conhecimentos profundos da Psicanálise, recorri aqui a exemplos que trazem a essência dos conceitos, inspirados em fatos reais e nunca na reprodução literal da história de um paciente. Também, ao fim de cada capítulo, e para dar sequência à leitura, propus algumas provocações; se preferir, pode anotar as respostas às perguntas em um caderno ou documento à parte, para reflexão posterior.

Com base nesse conhecimento você terá mais recursos para definir como será sua vida daqui para frente, com foco na sua verdade. Também se sentirá mais preparado para colocar na balança e negociar consigo mesmo as mudanças necessárias e o que prefere deixar como está. Conhecer o que há dentro de si é poderoso, pois ajuda a trocar dúvidas por clareza.

O que você vai descobrir é único e intransferível. Em outras palavras, não espere uma receita pronta para ser feliz. O objetivo deste livro é que você encontre a sua versão mais autêntica e, a partir dela, possa responder à pergunta que deu origem a ele: *Você está deixando a sua vida para depois?*

Luz para o bem,

NATTHALIA PACCOLA

Não espere
uma receita pronta
para **ser feliz**.

CAPÍTULO

01

Quando a fórmula da felicidade não deu certo

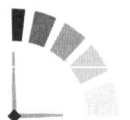

Houve um tempo em que a vida tinha mais certezas e as pessoas seguiam um roteiro que até parecia pré-programado: casavam-se, tinham filhos e passavam a vida inteira trabalhando na mesma empresa. A palavra de ordem era estabilidade. As instituições, como família e religião, eram bem definidas e havia a impressão de que nunca poderiam ser destituídas. Tinha o certo e o errado. Vivia-se com parâmetros definidos de regras a obedecer, do caminho a seguir e do que almejar da vida em cada fase. As pessoas sabiam o que era esperado delas.

Estou falando de uma época não muito distante, uma a que os teóricos e filósofos chamam de modernidade. Quando ela surgiu, Sigmund Freud escreveu o livro *O mal-estar na civilização*, no qual fazia uma crítica ao que estava acontecendo na sociedade naquele momento. Ele dizia que naquela modernidade trocávamos liberdade por segurança. Ele tinha razão.

De carona nessa realidade, um certo autoritarismo pairava no ar. O excesso de ordem, a repressão e a regulação do prazer geravam mal-estar. Muita gente que não se enquadrava no modelo vigente tinha que se adequar, se resignar para fazer parte. Nem todos podiam escolher como levar a vida sem ser julgado ou marginalizado. Esse modo de viver podia trazer segurança, sim, mas não deixava o ser humano livre. Sendo assim, como acontece de tempos em tempos, a sociedade se reorganizou.

O mundo se reinventou e entrou em vigor uma nova ordem, que é esta que você e eu vivemos hoje, conhecida como pós-modernidade. A pós-modernidade trouxe consigo a liberdade individual que ficou apagada na modernidade. As instituições perderam força e, hoje, a principal responsável pela felicidade de uma pessoa passou a ser ela mesma.

Isso significa que, ao menos na sociedade ocidental, temos um leque muito maior de escolhas. Na esfera da vida amorosa, por exemplo, pessoas se casam mais jovens ou mais velhas. E há quem opte por continuar solteiro. Outros, moram junto. Também podemos nos casar e nos separar se não der certo.

No que diz respeito a ter filhos, essa também se tornou uma opção, bem como engravidar aos 20, 30, 40, 50 anos – a tecnologia permite que uma mulher engravide por meio de tratamentos de fertilização e congelamento de óvulos. Os avanços tecnológicos, aliás, multiplicaram as opções de viver, impactando tudo: os meios de encontrar o amor, as formas de fazer amizade, as maneiras de trabalhar e até mesmo o modo de ganhar dinheiro.

> **O sucesso ou o fracasso são responsabilidade de cada um.**

Diante de tantas possibilidades, resta a cada um de nós fazer escolhas, customizando a própria felicidade para correr atrás dela. Afinal, o sucesso ou o fracasso são responsabilidade de cada um. Mas será que é simples e fácil viver com múltiplas possibilidades e liberdade de escolha? Infelizmente, não.

Em vez de feliz, vemos uma sociedade fragilizada, com pessoas cada vez menos preparadas para administrar emocionalmente expectativas que não se concretizam, desde coisas simples do cotidiano a situações mais complexas. Uma desilusão amorosa, uma decepção profissional, relacionamentos familiares de personalidade difícil, um revés financeiro... Existe uma dificuldade em aceitar a imperfeição da vida.

> Existe uma dificuldade em aceitar a imperfeição da vida.

Um exemplo é quando uma pessoa trabalha arduamente para obter uma promoção no trabalho, mas acaba sendo preterida em favor de um colega. Apesar de todos os esforços e do desejo intenso de ser reconhecida, ela pode sentir-se extremamente frustrada e incapaz de lidar com a realidade de que nem sempre as coisas acontecem conforme o planejado. A frustração ao se dar conta de que, mesmo dando o máximo de si, ela não tem controle total, pode levar a sentimentos de desamparo e insatisfação.

Quando não recebemos o que esperamos, ou quando não correspondemos às expectativas dos outros, é natural o sentimento de frustração. No entanto, as pessoas estão sem disposição para o recomeço, para uma renovação das aspirações. Em vez de lidarem com o imprevisto, se mostram mais suscetíveis a alimentar uma profunda mágoa. A dificuldade em superar algo negativo pode levar uma pessoa a se tornar intolerante, agressiva e revoltada, sentindo que o mundo a persegue. Essa pessoa se vitimiza perante todos e, com isso, acaba adotando uma postura rígida diante da vida.

O mundo atual não apenas alimenta a idealização de uma vida perfeita, mas também a crença de que se seguirmos uma cartilha de regras, estaremos imunes a qualquer problema. Na vida idealizada não há espaço para problemas e fracassos, ainda que eles sejam parte da existência humana. Pessoas de todas as idades estão cada vez menos preparadas para administrar o que não corresponde a essa expectativa. No entanto, a vida real – a vida de todos nós – é feita de ciclos, de altos e baixos; e não aceitar esse movimento gera uma autocobrança insuportável.

Essa fragilidade vem se construindo desde a infância. Uma criança, por exemplo, não pode passar por nenhuma situação que a desafie ou a questione. Se isso acontece, os pais vão brigar na escola, na vizinhança, sempre com o intuito de protegê-la. Tem gente que acha que cuidar é colocar o filho numa redoma. Você talvez já tenha ouvido algo do tipo: "Não fale assim da minha filha, ela vai ficar traumatizada".

Como psicanalista, o que mais vejo são pessoas descontentes, me pedindo ajuda para mudar de vida, infelizes com as próprias escolhas. O estilo de vida que adotamos não é a melhor fonte de bem-estar e saúde mental disponível. Diante desse cenário, está mais do que comprovado que a receita de felicidade no mundo pós-moderno é uma grande ilusão.

Autoanálise

Para começarmos, pense se:

- Existem frases que ouviu na infância e que ainda ressoam em você? Quais?
- Essas frases tiveram impacto nas escolhas que fez durante a sua vida?
- Você sente culpa ou frustração por ter – ou não ter – seguido os desejos de outras pessoas para sua vida?

CAPÍTULO

02

A urgência do agora

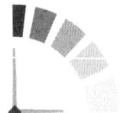

Imagine um médico muitíssimo bem-sucedido, casado e com uma família aparentemente perfeita. Ele mora em uma casa luxuosa, tem na garagem carros do ano e faz viagens maravilhosas. Porém, uma angústia silenciosa o acompanha constantemente; um vazio que ele não consegue preencher, o que prova que a vida pautada na urgência do agora está distante da plenitude.

Ele não sabe dizer a causa dessa inquietação, mas ela está lá, deixando seus dias menos brilhantes do que deveriam ser. É como se faltasse algo, mesmo ele vivendo o que imaginou que seria a concretização de sua felicidade. Já sentiu algo parecido? Essa é uma dor comum a muitas pessoas. Algo não vai bem, mas fica difícil entender o quê exatamente. Acontece que não temos muito tempo para fazer esse tipo de reflexão. Estamos todos vivendo um estilo de vida pautado no que chamo de urgência do agora. E essa urgência está conectada a algumas crenças que passamos a alimentar. Como veremos a seguir.

A sua felicidade depende apenas de você

Sabendo disso, o ser humano não apenas passou a ficar individualista, como também começou a cobrar de si mesmo um alto desempenho em tudo o que faz. Com isso, ele vive, como dizem, "correndo atrás". O resultado de tal atitude são pessoas extremamente ansiosas, tentando a todo custo viver uma vida que seja sinônimo de felicidade. Se não conseguem, se sentem incapazes, fracassadas, impotentes e... perdidas. A autocobrança para sermos responsáveis pelo nosso desempenho, equilíbrio, felicidade e sucesso traz consigo o risco de um efeito rebote: a paralisia da ação. E chega um momento em que a correria não faz mais sentido, pois não leva à felicidade. Então qual o motivo de continuar correndo?

Estar bem consigo mesmo é sinônimo de sentir prazer o tempo todo

O conceito de felicidade virou sinônimo de ser capaz de viver experiências ditadas pelo prazer. Isso faz o ser humano tentar virar uma máquina realizadora de sonhos hedonistas, com uma lista interminável de realizações e experiências que precisa cumprir. O prazer é continuamente desejado e, como se trata de uma sensação passageira, requer estímulo contínuo. Sendo assim, vive-se em busca da próxima viagem, do próximo vinho, da próxima paixão, do próximo carro... e sempre com a sensação de que está perdendo algo. Isso não é real nem possível. A vida é o que ela é, não o que queremos que ela seja.

> **A vida é o que ela é, não o que queremos que ela seja.**

Freud em *Além do princípio de prazer, psicologia de grupo e outros trabalhos* já se referia a isso em dois dos princípios que são fundamentais em sua teoria psicanalítica: o princípio de prazer e o princípio de realidade.

Assunto que ele também trata em *Formulações sobre os dois princípios do funcionamento mental*, em *A interpretação dos sonhos*, em *O ego e o id*, e em *Três ensaios sobre a teoria da sexualidade*. O princípio de prazer é o norteador da busca incansável do ser humano pela satisfação; o impulso fundamental de buscar prazer e evitar dor. Já o princípio da realidade coloca o sujeito como parte de uma sociedade ditadora de regras que o faz agir dentro de uma série de normas. É o mecanismo pelo qual o ego adapta a busca pelo prazer às exigências do mundo real, regulando impulsos para atender restrições e considerações de tempo e espaço, equilibrando gratificação e viabilidade. O conflito que todo sujeito enfrenta é um paradoxo entre estes dois princípios: prazer *versus* realidade.

Descansar é para os fracos

Na busca incessante pela felicidade existe a ideia de que não podemos parar, que o sucesso não permite pausas nem tempos de ócio. Existe até um nome para isso: síndrome de FOMO, sigla para a expressão em inglês "*Fear of missing out*", que significa, em tradução livre, medo de ficar de fora. Esse é um conceito moderno que se relaciona às ideias que o filósofo alemão Walter Benjamin já tinha sobre a aceleração da vida moderna e a perda de experiências genuínas, como ele expôs em *A obra de arte na era de sua reprodutibilidade técnica* e em *Passagens*.

Benjamin trouxe uma discussão compatível com a crítica à incessante busca por novidades e à incapacidade de desacelerar. Propõe uma discussão sobre a experiência moderna, a perda da autenticidade e a aceleração cultural, criticando como a reprodução técnica e a cultura de consumo impactam a percepção e a experiência individual. Embora não abordasse a síndrome de FOMO diretamente, ele explorou a vida urbana e o impacto da modernidade na experiência subjetiva, ponderando a aceleração da vida e a busca incessante por novidades.

O termo FOMO foi popularizado pelo pesquisador Dan Herman no artigo "Introducing short-term brands: a new branding tool for a new consumer reality" [Introduzindo marcas de curto prazo: uma nova ferramenta de branding para uma nova realidade de consumo] e ganhou notoriedade com a crescente influência das redes sociais. A definição refere-se ao medo de perder eventos ou experiências interessantes que os outros possam estar vivenciando.

Essa inquietude não gera nada novo, pois o sujeito deixa de se permitir desacelerar e de se concentrar em algo diferente. O incômodo de estar perdendo algo vai acelerando a vida e nos pressionando a acompanhar e dar conta de tudo o que acontece – o que é impossível. Nesse estado, ficamos mais focados no exterior do que em nós mesmos, o que torna mais difícil criar, reinventar a própria realidade e trazer soluções.

Se não nos permitimos olhar para dentro e explorar nosso potencial, o que acontece? Nós nos limitamos a fazer tudo sempre igual, somos robotizados e perdemos nosso valor. Quando pensamos na ameaça da inteligência artificial, vale uma reflexão sobre o quanto as pessoas estão renunciando às capacidades que as diferenciam das máquinas e que as tornam únicas e autênticas.

Faça tudo ao mesmo tempo agora

De carona na ideia de que não há tempo a perder (e de que não se pode perder nada), adotou-se o estilo de vida multitarefa, que é estimulado pela tecnologia, como o aparelho celular com suas múltiplas funções. Talvez vivermos conectados a dispositivos eletrônicos cada vez mais sofisticados nos traga a ideia de evolução. No entanto, há estudiosos que enxergam uma realidade totalmente oposta.

Byung-Chul Han, em sua obra *Sociedade do cansaço*, critica a multitarefa e a atenção superficial da sociedade contemporânea, argumentando que essas características não representam um avanço civilizatório, mas um retrocesso comparável ao comportamento dos animais em estado selvagem. Ele explora a hiperatividade e a pressão por produtividade e argumenta que a multitarefa, embora pareça uma habilidade avançada, na verdade nos torna mais superficiais e menos capazes de aprofundamento contemplativo. Por isso o autor compara essa superficialidade à atenção dispersa dos animais em estado selvagem, que necessitam manter atenção ampla para sobreviver, mas não podem se dedicar profundamente a uma única atividade.

Viva o presente

Todos já ouvimos a máxima "não deixe para amanhã o que você pode fazer hoje". Ela se conecta com o medo que assombra as pessoas de deixar a vida para depois e cria a necessidade de aproveitar intensamente o presente. Essa angústia e autocobrança estão relacionadas à reação ao ritmo do mundo e dos acontecimentos.

Para o sociólogo e filósofo polonês Zygmunt Bauman, vivemos em "um mundo repleto de sinais confusos, propenso a mudar com rapidez e de forma imprevisível", o que ele chamou de "modernidade líquida", em seu livro homônimo. Diante de um amanhã cada vez menos incerto, criou-se a urgência de viver o agora. No entanto, isso não resolve as incertezas, pelo contrário. A busca constante por prazer imediato e o excesso de consumo geram ansiedade e insatisfação crônica. Gilles Lipovetsky, filósofo e sociólogo francês que trata da hipermodernidade, chama os tempos atuais de "era do vazio", termo que dá título ao seu livro.

Ele argumenta que o individualismo exacerbado está gerando profundas crises existenciais, pois a busca desenfreada pela satisfação imediata e pelas experiências intensas não supre a falta de propósito e de significado da vida contemporânea, o que faz com que as pessoas experimentem um vazio interior.

O hiperconsumismo e a busca constante por novos prazeres não bastam para preencher esse vazio existencial, o que leva a sentimentos de insatisfação e alienação. Em outras palavras, mesmo vivendo o presente da forma mais intensa possível, ainda falta algo. Com isso, acreditamos que o necessário para uma vida completa está do lado de fora, naquilo que ainda não temos ou que ainda não fizemos. Estamos sempre em dívida com o mundo: "Se não sou feliz, é porque ainda não fiz o suficiente. Portanto, não mereço".

A sociedade cria diversas regras para atingir a felicidade. "É preciso ter um cargo de poder para ser feliz" ou "É preciso ter um negócio de sucesso para ser feliz". Essas crenças são internalizadas e passam a ecoar na mente, gerando a ideia de que só seremos felizes quando atingirmos determinadas metas.

E assim seguimos a vida, fazendo escolhas para cumprir o que o mundo externo nos diz ser a receita de felicidade. Se não conseguimos, concluímos que é porque não fizemos o suficiente. Mas não é na conquista material ou no que aprendemos sobre o sucesso que vamos encontrar esse "algo mais".

Autoanálise

- O que faria você feliz hoje? Casar? Ter filhos? Se aventurar em alguma área nova de estudo?
- Agora, reflita: no que essas conquistas influenciarão para que sua vida seja plena e satisfatória?

Não deixe de responder a essas questões antes de prosseguir com a leitura.

CAPÍTULO

03

De onde vem o vazio?

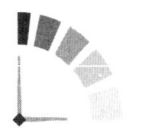

Passamos uma vida toda sem nos conhecermos em nossa essência. Sem o encontro com quem somos de verdade. Criamos um personagem baseado na ideia de como achamos que deveríamos ser, um que nos faria ser aceitos e queridos. Esse avatar é construído a partir de tudo aquilo que nos parece ideal. Nessa construção de como atuamos no mundo, unimos crenças e valores da sociedade, da influência de pais, avós, professores, além dos modelos de sucesso e perfeição. E por que fazemos isso? Porque precisamos, por questão de sobrevivência, nos sentir seguros e reconhecidos.

Vamos voltar lá no começo da vida para entender como é que isso se constrói. O bebê humano nasce mais desamparado que o filhote de outros mamíferos, e não sobrevive sem a assistência dos adultos. Sua vida varia entre sensações desagradáveis: fome, sede, frio e sono. O recém--nascido se comporta de modo a se livrar dos estados de incômodo que lhe causam tensão. Sabemos como ele faz isso: por meio do choro, que é a forma pela qual expressa que algo não vai bem. Quando a criança obtém ajuda para eliminar essa tensão, ela adormece e só desperta quando os estímulos a perturbam novamente.

Portanto, os primeiros sinais de percepção de prazer de um bebê aparecem no estado de fome, quando ele entende que existe um objeto que pode aliviar seu incômodo: o seio da mãe. Ao mamar, ao ser cuidado, o bebê cessa o desejo e, então, dorme. É pela "vivência de satisfação", tendo suas vontades saciadas, que a criança passa a ter desejo por esses objetos. E, assim, ela passa a perceber que existe algo fora dela, algo que não é ela mesma. O bebê enxerga o mundo externo através dos olhos da mãe que o alimenta, e essa percepção é muito importante para o seu desenvolvimento. O pequeno ser humano começa a sentir que o seu corpo é uma coisa distinta do resto do mundo.

A partir do momento em que o bebê percebe que ele e a mãe não são um só, acaba a sensação de grande tensão e desconforto. A fome, por exemplo, que nos primeiros momentos de vida gerava ansiedade, agora provoca o medo da perda da mãe (ou do cuidador) que é quem vai saciá-lo com o leite. E essa condição de dependência extrema é, como diz Freud em *Inibição, sintoma e angústia*, "determinante na formação da personalidade do ser humano".

Segundo o pediatra e psicanalista inglês Donald Woods Winnicott em *Os processos de maturação e o ambiente facilitador*, a relação entre mãe e bebê é fundamental para o desenvolvimento emocional saudável da criança. Ele argumenta que a criança, em seus primeiros anos de vida, é completamente dependente da mãe (ou do cuidador primário). Essa dependência não é apenas física, mas também emocional e psicológica, em um cenário em que a presença e as respostas adequadas da mãe criam um ambiente seguro e propício para o crescimento emocional da criança.

Winnicott introduziu conceitos como "holding" e "mãe suficientemente boa", ressaltando que a capacidade da mãe de sustentar emocionalmente a criança e atender às suas necessidades de forma consistente é essencial para que a criança desenvolva uma sensação de segurança e um self autêntico.

> O "holding" descreve a forma como a mãe sustenta física e emocionalmente o bebê, proporcionando um ambiente de segurança e proteção. E o conceito da "mãe suficientemente boa" trata da capacidade da genitora de atender de maneira adequada às necessidades do bebê, promovendo um desenvolvimento emocional saudável. Essa mãe é responsiva, mas não perfeita, o que permite à criança lidar com frustrações e desenvolver resiliência.

Winnicott é uma figura central na teoria psicanalítica infantil, e sua contribuição destaca a importância das relações primárias e do ambiente facilitador para o desenvolvimento emocional. Em sua obra *Os processos de maturação e o ambiente facilitador*, ele explora como a qualidade da relação entre mãe e bebê influencia diretamente o desenvolvimento psíquico da criança e estabelece as bases para sua futura saúde mental e emocional. Isso se dá de diferentes maneiras conforme a criança vai crescendo.

Mais tarde, o bebê passa a sentir as primeiras manifestações de censura dos pais, que limitam as suas vontades a fim de educá-lo. É o momento em que começa a ouvir os primeiros "nãos". É quando ele percebe que existe alguém mais forte do que ele e passa a reconhecer a onipotência dos cuidadores. Assim aprende que quando faz o que os pais querem, receberá aplausos e terá reforçada sua autoestima. Porém, quando os contraria, é censurado. Segurança e reconhecimento são bases da autoestima. De modo geral, se tenho muito reconhecimento e muita segurança, fico com a autoestima alta. Se tenho pouco, a autoestima é baixa. O ideal é que ela se mantenha estável.

> **Segurança e reconhecimento são bases da autoestima.**

Como sentir afeição e proteção é muito importante para a manutenção da autoestima, o bebê passa a se comportar de forma que garanta essa resposta. Por isso é muito importante que a mãe (ou o cuidador) reconheça e valide os sentimentos do bebê. Uma criança que se sente amada terá condições de desenvolver a capacidade de regular as próprias emoções. Já uma criança que se sente abandonada se sentirá enfraquecida e exposta ao perigo, sendo facilmente dominada pelo medo e pelo pânico.

Seguimos a vida adulta procurando suprir a necessidade de reconhecimento e de segurança, e tudo o que aprendemos na infância vai influenciar essa busca. Talvez você me pergunte: "Mas, Natthalia, eu nem me lembro da maioria das coisas que me aconteceram quando era criança... quanto mais quando era bebê. Como isso pode afetar minha vida adulta?". Aqui entra algo fundamental: as memórias.

Conforme somos moldados pelo ambiente em que vivemos e pelas interações que temos com pessoas significativas em nossa vida, as experiências são inseridas em nossa mente e vão compondo a memória. Essa é, aliás, uma função essencial do cérebro que nos permite armazenar e recuperar informações adquiridas ao longo da vida. Tudo que captamos pelos cinco sentidos – visão, audição, tato, olfato e paladar – atinge nosso campo consciente, gravando memórias a todo instante. Por exemplo, se alguém mostra para você, neste momento, uma caneta e lhe pergunta qual é a cor dela, sua resposta virá depois que o cérebro, com sua rápida capacidade de processamento, consultar memórias anteriores que já estavam gravadas no seu campo consciente, de vivências passadas, que ensinaram que aquela cor é, nesse caso, vermelha.

A memória ativa é aquela de curto prazo, que está no momento presente, à medida que nos conscientizamos dela. É a que usamos para lembrar de eventos recentes, como o que almoçamos hoje ou o nome de uma pessoa que conhecemos ontem. Pode ser facilmente esquecida se não for consolidada. No tempo em que permanece em sua consciência, esse tipo de memória fica à sua disposição. Desse modo, se lhe perguntarem qual é a cor do pincel, você responderá que é azul. Se lhe perguntarem o que você almoçou hoje ou no dia anterior, você vai se lembrar. Assim como vai lembrar o nome de uma pessoa que acabou de conhecer.

Com o passar do tempo, caso você não use mais essa informação, a sua mente deletará essa memória e você esquecerá esse fato, perderá consciência dessa informação. Certamente fica mais difícil lembrar o nome de uma pessoa a quem você foi apresentado uma única vez em um evento que aconteceu há meses. Você já se perguntou por que a memória se apaga ou fica menos viva na mente? Isso acontece porque tudo na natureza busca equilíbrio (homeostase) e aquilo que não tem mais utilidade é naturalmente descartado.

Com a mente acontece a mesma coisa! Você só manterá no campo consciente aquilo que julga necessário e útil para as suas relações, ou o que se consolidou tornando-se eterno pela repetição ou pelas vivências que trouxeram muita alegria ou muita tristeza. Para ser conservada na mente consciente, uma memória tem de ser relevante, do contrário, ela se perderá, dando espaço mental para novas informações.

Quando uma memória se mantém no consciente, ela ganha o nome de memória consolidada, aquela que foi efetivamente armazenada e enraizada na mente ao longo do tempo. Isso acontece quando usamos sistematicamente uma memória ativa porque ela é importante, como a senha da sua conta no banco, ou quando ela é absorvida a partir de uma vivência muito impactante, que pode ser agradável e feliz, ou até desagradável, acompanhada de dor e sofrimento. Certamente, você tem em sua memória esses momentos marcantes.

A memória consolidada ficará guardada em uma região entre o campo consciente e inconsciente chamada pré-consciente. Ele é uma espécie de arquivo morto daquilo que não está sendo utilizado num determinado momento, mas que pode ser acessado quando você desejar. O que está arquivado nele você pode não lembrar no momento, mas virá à tona sempre que desejar, basta alguém ou algo o estimular. Assim, parte daquilo que você consolidou em suas vivências passadas ficará guardado e arquivado ali.

Há ainda outro tipo de memória que influencia o consciente: a introjetada. Antes de agirmos, buscamos em nossa consciência o repertório que temos para atuar em uma determinada situação. Naturalmente buscaremos um tipo de memória consolidada que seja adequada e importante para nós. As informações que correspondem a esse critério são aquelas que chamamos de valor.

Para deixar mais claro, um valor material é algo importante para nós, por isso sempre cuidaremos dele. Um carro, por exemplo. Os valores morais seguem a mesma lógica: são importantes porque decorrem de algo com o qual nos identificamos, assim, são necessários e úteis para nossa preservação e felicidade.

Uma memória consolidada é introjetada e se transforma em valor quando a percebemos como adequada aos nossos objetivos de vida, às nossas necessidades de cada momento e aos nossos interesses. Esse processo se dá quando, de forma consciente ou inconsciente, adotamos um modo de pensar, de agir, que vem de outra pessoa ou de informações que nos são passadas no processo educacional. A memória introjetada é adquirida, guardada e, por se tornar um valor, se torna parte de nós. Muito do que ouvimos de nossos pais vira memória introjetada, ou seja, vira valor.

Na infância, por exemplo, os modelos parentais têm um papel fundamental na formação da personalidade e construção do caráter. Certamente você tem na memória palavras, situações ou atitudes marcantes que se tornaram um valor que guia sua vida hoje. Ao introjetar determinados ensinamentos ou experiências, eles passam a fazer parte da nossa identidade e moldam a maneira como nos relacionamos com o mundo ao nosso redor.

Pense em uma criança que cresce em um ambiente em que a escrita é valorizada e estimulada – é provável que ela desenvolva uma afinidade pela escrita e a considere uma parte importante de quem ela é. Entretanto, é importante ressaltar que a memória introjetada pode gerar conflitos internos caso esses valores ou experiências contradigam as inclinações naturais ou desejos pessoais.

Se a criança não tem afinidade nem talento para a escrita, mas foi constantemente incentivada a seguir essa atividade, pode ocorrer um desconforto interno entre a expectativa introjetada e a realidade. Por isso é comum uma pessoa não realizar os próprios desejos, mas sim aqueles impostos por outras pessoas ou pela sociedade. Ou seja, ela conduz a vida buscando constantemente corresponder a uma imagem perfeita e idealizada. Não basta ser bom aluno, é necessário alcançar a nota máxima em todas as disciplinas. Não basta se casar, é necessário encontrar um parceiro que o ame mais do que você a ele.

A partir dos valores que construímos com base em nossas vivências e memórias, adotamos comportamentos sustentados pela busca de uma superioridade idealizada em alguma área da vida, seja ela física, estética, intelectual ou espiritual. É o que acontece, por exemplo, com alguém que tem alta expectativa com o impacto que sua aparência vai causar. Ela precisa ser considerada bonita e ser elogiada por isso. Se ela vai a uma festa e não recebe a atenção que desejava, isso desperta nela um sentimento de inferioridade. Assim, ela pode se sentir desvalorizada e indignada, pois não está recebendo o reconhecimento que acredita merecer (é a vaidade estética).

Há também quem necessita se sentir intelectualmente superior e busca a validação de sua inteligência o tempo todo. Quando alguém com esse perfil participa de uma discussão ou de algum debate e suas ideias não são consideradas ou valorizadas da maneira esperada, essa pessoa pode sentir-se subestimada ou ignorada, acreditando que sua inteligência e conhecimento não são suficientes (é a vaidade intelectual). Na Psicanálise e na Psiquiatria, isso tem o nome de normopatia. Explicando em linhas gerais, é um inconformismo por ser tão normal.

> As redes sociais são um meio que reforça a idealização, já que apresentam apenas um recorte, uma edição da vida das pessoas. Ali, a dinâmica da vida perfeita funciona: posts de viagens de sonho, fotos e vídeos com pele perfeita (graças aos famosos filtros), momentos felizes e comemorações inundam o feed. O exemplo de uma vida irretocável só alimenta a ilusão de que as pessoas nunca têm problemas, o que é um desserviço para o amor-próprio, pois aumenta ainda mais o vazio de quem cai na cilada de se comparar.

As redes sociais acabam por ser um meio em que o sujeito tenta substituir a sua demanda por holofote, um modo de restabelecer a onipotência perdida na primeira infância.

Freud, em *Sobre o narcisismo*, destacou como a busca incessante pela aprovação e pelo reconhecimento externo pode levar a um reforço do ego ideal, uma imagem perfeita de si mesmo que é impossível de ser alcançada na realidade.

Jacques Lacan, outro importante teórico psicanalítico, contribuiu para essa compreensão ao discutir o conceito do "estádio do espelho" em seu livro *Escritos*. Segundo ele, a formação do eu sofre profunda influência da percepção e das imagens que o indivíduo vê refletidas tanto literalmente no espelho quanto metaforicamente nos olhares e nas reações dos outros.

Nas redes sociais, essa dinâmica é amplificada, pois as imagens editadas e filtradas servem como um espelho distorcido em que o indivíduo vê uma versão idealizada e irreal de si mesmo e dos outros.

Qualquer um que já julgou a própria realidade sem graça diante de algumas vidas de sonho sabe do que estou falando. De carona vem a dificuldade em aceitar os próprios defeitos e os desafios que a vida apresenta. Esse confronto constante com imagens idealizadas pode gerar sentimentos de inadequação e insuficiência, exacerbando o sofrimento psíquico.

Winnicott, em suas teorias sobre o desenvolvimento emocional, destacou a importância do ambiente suficientemente bom e da aceitação das falhas como parte do crescimento saudável. A exposição contínua a vidas aparentemente perfeitas pode impedir esse processo, dificultando a aceitação dos próprios limites e imperfeições.

Outro comportamento que denuncia a necessidade de atender às expectativas do mundo exterior é adotar uma postura de inferioridade. Isso é típico de pessoas que têm baixa autoestima. Sabe aquela pessoa que sempre se coloca na sombra e que não se dá o direito de se realizar na vida pessoal, amorosa e profissional? Ela não acredita que é capaz.

O vazio que ela sente vem do fato de nem mesmo se colocar na vida e ocupar o seu lugar. Ela deixa os outros brilharem. Nunca acredita que a vez dela chegou. Inconscientemente, ela conclui que, por não corresponder a uma idealização, não merece ser feliz. Pessoas assim passam a vida deixando a vida para depois, porque não conhecem a própria essência e o potencial ilimitado que têm dentro de si. Ah, se elas soubessem o quanto podem fazer e ser no mundo... Mas, em vez disso, alimentam pensamentos negativos sobre si mesmas e sempre se colocam em posições inferiores aos outros por meio de comparações.

Outro comportamento decorrente da pressão por corresponder a uma vida idealizada é a acomodação. Qual é a lógica? A acomodação é uma negação, uma escolha que esconde o medo de buscar segurança e reconhecimento (aquilo que buscamos desde que nascemos), e que pode ser negado pela vida. É como se essa pessoa se sentisse desencorajada a agir por medo de não corresponder aos ideais de performance que aceitou como valor ao longo dos anos. *E se eu não der conta? E se eu não for impecável?*

E se disserem que não sou bom o bastante? A preguiça vira uma defesa para evitar a frustração de não ser perfeito. A pessoa se protege do julgamento ao evitar começar o que tem a fazer.

Sustentar uma personalidade egoísta é mais uma maneira de buscar segurança e reconhecimento desconectado da própria essência. O egoísmo é uma forma de preencher o vazio, tentando evitar a perda de qualquer coisa. Há pessoas que manifestam isso pela incapacidade de dedicar tempo aos outros. Vivem focadas em si mesmas, em suas conquistas, e qualquer desvio de foco parece tempo perdido. Outra forma de egoísmo é o material, que corresponde à dificuldade de abrir mão de bens, dinheiro e roupas em favor dos outros. Por fim, há os egoístas dos afetos, que são as pessoas possessivas que demonstram ciúmes exacerbado. O egoísmo é uma tentativa forçada – e nada autêntica – de garantir segurança e reconhecimento.

Sentimentos de superioridade, inferioridade, acomodação e egoísmo se manifestam por não estarmos vivendo de acordo com a nossa essência. Tentar corresponder às expectativas dos outros, em vez das nossas, adoece a nossa personalidade. É por isso que nos deixamos levar pela urgência do agora: vivemos numa corrida em busca de preencher esse vazio.

Essa maratona interminável não é, definitivamente, o caminho. É, na verdade, o caminho do sofrimento que nos leva a

> **Tentar corresponder às expectativas dos outros, em vez das nossas, adoece a nossa personalidade.**

criar uma vida pautada em crenças limitadoras, aquelas vozes externas dizendo o que podemos ou não fazer, o que é certo e o que é errado, o que nos fará feliz e o que não trará felicidade.

Na minha experiência clínica, muitas pessoas chegam desnorteadas e infelizes, sem saber como sair de determinada situação. Elas descobrem, nas sessões de análise, como se distanciaram do que queriam para a própria vida e compraram a ideia da felicidade que outras pessoas idealizaram para elas. Existem diversas situações que demonstram isso. Vou dar alguns exemplos.

Imagine uma pessoa que sempre amou o mar, viver na praia, pés descalços. Ela gostaria de trabalhar com biologia marinha, no fundo do oceano. No entanto, sua família não aceita que escolha uma profissão que não garanta um ganho financeiro considerável. Essa pessoa também passou a vida ouvindo que sucesso é comprar um apartamento na capital, com no mínimo 200 metros quadrados, varanda gourmet, casar, ter filhos e frequentar restaurantes da moda. Em vez de investir energia em seu sonho de morar na praia, ela passa a fazer escolhas em função do ideal de sucesso reforçado pela família e pelo seu círculo social.

Dessa forma, em vez de prestar vestibular para Biologia, ela decide cursar Odontologia. Então consegue um estágio em uma clínica renomada, com chances de fazer carreira. Encontra uma pessoa especial, casa, tem filhos e mora num bairro de classe alta movimentado e cheio de concreto. Ela conseguiu cumprir o script do que lhe ensinaram que era o sucesso. Mas não está feliz. Sente falta de algo, mas não sabe o que é.

Na análise, ela volta à infância e se reconecta com suas memórias, com seus desejos de mar, de praia, de natureza e entende como se distanciou de sua essência. Existem pessoas que simplesmente não conseguem sequer uma vida aparentemente boa quando se distanciam de quem são.

Um desafio comum está relacionado à aceitação da orientação sexual. Já tive paciente que não conseguia ter um relacionamento duradouro e feliz, mas não sabia por quê. Mergulhando em sua vida interior, entendemos que ele tinha abafado sua homossexualidade porque os pais nunca a aceitariam. E isso o impedia de ter uma vida amorosa mais bem-resolvida.

Situações como essas geram sofrimento emocional, que se manifestam como uma profunda sensação de falta, de incompletude, de não se sentir inteiro porque não estamos mesmo inteiros. Deixamos nossa essência escondida, como se ela não fosse adequada à vida que nos dizem ser a única que vale a pena. Esse vazio traz uma necessidade urgente de preencher um buraco interno que parece infinito, e há diversas formas de tentarmos preenchê-lo, como se fossem um tapa-buraco.

Há pessoas que empregam toda a sua energia para enriquecer e, assim, se sentirem completas. Mas o dinheiro nunca é o bastante. Há quem alimente a crença de que precisa trabalhar muito para ter sucesso, e nunca se permite o descanso. Há quem tenha certeza de que só será digno do amor de alguém se tiver um corpo nas medidas da Barbie – e se frustra quando percebe de que todos os esforços para isso não garantem um amor para a vida inteira.

Isso acontece porque nos identificamos com elementos externos como dinheiro, status social, trabalho, educação, aparência física, história pessoal e familiar, sem perceber que essas são apenas camadas superficiais que não definem a essência de quem somos de verdade. São apenas histórias contadas pelas crenças limitadoras e que fomos acumulando ao longo dos anos, até se tornarem memória introjetada.

E por que sofremos? Porque tentamos corresponder a essas necessidades externas. Enquanto buscarmos segurança e reconhecimento fora, as sensações de tranquilidade, paz e plenitude serão efêmeras. Assim, vivemos com expectativa do que pode acontecer no futuro ou revivendo o que já passou, mas não encontramos felicidade no presente. Todos os esforços que empregarmos para conquistar a felicidade não são o bastante, rendem apenas breves momentos de satisfação de desejos passageiros.

Existe, em cada um de nós, uma fonte de autoconhecimento esperando para ser descoberta. E ela poderá nos mostrar mais claramente com se dão esses processos internos. Somente ao acessá-la seremos capazes de compreender o que realmente almejamos nessa existência e o que, de fato, nos trará felicidade genuína e duradoura.

Sabendo o que está dentro dela, passamos a suprir a necessidade de segurança e reconhecimento com o que realmente precisamos e nos faz felizes. Isso é poderoso. Então quem somos nós, para além das identificações superficiais e ilusórias? A jornada para preencher o vazio do ego e encontrar a completude verdadeira começa quando decidimos nos conectar com essa essência mais profunda.

Autoanálise

Muitas vezes, como adultos, ainda sentimos falta da onipotência de nossa primeira infância, quando éramos o centro de todas as atenções e cuidados. Por vezes, passamos a vida em busca desse poder centralizado em nós mesmos e por isso nos sentimos incompletos, insatisfeitos.

Você já parou para pensar sobre o quanto sente-se carente de provisões externas? Diante disso, o que você espera que o mundo lhe dê? E o que você oferece para o mundo? Será que você está apenas esperando para receber algo em troca? Acha que essa é uma verdadeira doação ou é um suborno?

Existe, em cada
um de nós,
uma fonte de
autoconhecimento
esperando para
ser descoberta.

CAPÍTULO

04

**Sua
versão mais
consciente**

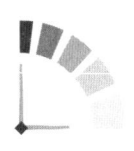

Vejo grande parte dos pacientes vivendo em função das idealizações, e ainda há os acomodados. Acreditam que estão fazendo tudo direito e não se conformam de a vida não corresponder às expectativas. Iniciam a terapia na busca de soluções mágicas para os problemas, mas são os outros que devem mudar e ajudá-los.

A busca pela felicidade é um tema universal e atemporal, mas a verdadeira felicidade é uma experiência pessoal e intransferível. Na perspectiva psicanalítica freudiana, a compreensão da felicidade está intrinsecamente ligada ao autoconhecimento e à aceitação dos desejos e dos conflitos internos.

> **A verdadeira felicidade é uma experiência pessoal e intransferível.**

Ao explorar a psique humana, Freud reconheceu, em *Além do princípio do prazer*, que a felicidade não é um estado constante, mas uma série de momentos fugazes de satisfação e realização. Ele propôs que a felicidade está ligada à satisfação dos desejos do id, a parte da psique que busca prazer imediato. No entanto, a verdadeira felicidade não pode ser alcançada apenas através da gratificação dos impulsos instintivos; é necessário que o ego encontre um equilíbrio entre esses impulsos e as demandas do superego (que representa as normas e valores internalizados).

Como Freud traz em *Luto e melancolia*, o autoconhecimento é essencial para a felicidade. Pelo processo de análise, podemos trazer à consciência os desejos reprimidos e os conflitos inconscientes que influenciam o nosso comportamento. Esse insight nos permite viver de maneira mais autêntica, alinhando ações com nossos desejos mais profundos e nossos valores mais genuínos.

> O autoconhecimento é essencial para a felicidade.

A descoberta da felicidade envolve a exploração dos próprios desejos e a aceitação das próprias particularidades. Não existe uma fórmula universal para a felicidade. Cada indivíduo deve encontrar seu próprio caminho, entender o que é significativo para si e viver de acordo com essa compreensão. E para isso é preciso ter disposição para mudar, mas esse é um bloqueio que vejo em alguns pacientes.

Quando percebem que são eles que precisam se transformar, geralmente se revoltam e pensam em abandonar a terapia, dizendo: "Esse psicanalista não me entende. Diz que sou eu que tenho que mudar! Isso é porque não sabe quem é a minha mulher" (ou meu marido, meu chefe etc.).

Essas pessoas correm o risco de se tornar vaidosas, prepotentes, presunçosas, orgulhosas, não aceitando os próprios erros. Digo erros, porque se algo não vai bem em nossa vida, é sinal de que estamos cometendo algum equívoco na forma de conduzi-la. Nossas escolhas não estão conectadas com o que nós realmente desejamos.

Costumo dizer que existem dois tipos de pessoas: as passivas e as pacíficas. Pessoas pacíficas são aquelas que têm

Nossas **escolhas** não estão conectadas com o que nós realmente **desejamos**.

sabedoria para lidar com uma realidade externa que não as agrada, cientes do que podem fazer e do que não podem. Já as passivas são aquelas que reclamam da vida, mas não fazem nada para modificá-la. Não estão dispostas a olhar para si mesmas e a tomar uma atitude. A vida é reflexo do nosso mundo interior, por isso é importante questionar se estamos de acordo com nossos verdadeiros desejos enquanto sofremos influência do que os outros desejam para nós.

> **A vida é reflexo do nosso mundo interior.**

Não, não é fácil fazer essa distinção sozinho e identificar as mentiras que contamos a nós mesmos. O livro *Mentiras no divã*, escrito pelo psiquiatra americano Irvin D. Yalom, trata desse tema ao contar a história fictícia de um famoso psicólogo, o dr. Ernest Lash. Ele recebe quatro pacientes diferentes: uma mulher sofrendo com problemas de relacionamento, um homem com transtorno de ansiedade, uma jovem com uma história trágica de abuso e uma idosa com questões sobre a finitude da vida.

Durante as sessões, o dr. Lash explora a fundo as mentiras que cada paciente conta a si mesmo, ajudando-os a confrontar seus medos, traumas e verdades ocultas para alcançar uma maior compreensão de si e uma transformação pessoal significativa. Para Yalom, a busca pela verdade interior é fundamental para o processo de autoconhecimento e cura emocional.

É comum as pessoas evitarem o confronto com a verdade interior por medo do desconforto, da mudança ou da responsabilidade que isso pode trazer. Quando começo uma sessão de análise com um paciente, é como se a essência daquela pessoa fosse se abrindo para mim.

Por meio de conversas que acessam conteúdos do pré-consciente, e até mesmo do inconsciente, navego com a pessoa por sua história, em busca do que ficou escondido e do que é genuíno. Para isso, lanço mão de ferramentas e capto pistas de algo que surge na fala e que vem desse lugar mais profundo.

O que existe além do sofrimento? O que não tem espaço para vir à tona e fica sufocado por escolhas que não têm conexão com o que aquela pessoa gostaria de viver de verdade? As respostas sobre quem somos estão em nós, basta dar espaço para que elas apareçam.

Para que isso aconteça é necessário um componente importante: a coragem de se tornar consciente. No exercício da consciência, você sempre estabelecerá um contato com as suas memórias, com os seus conteúdos psíquicos decorrentes das experiências vividas. Isso virá em forma de pensamentos e sentimentos.

> O pensamento é a função primeira do sistema consciente, é por ele que desenvolvemos o processo racional que chamamos de inteligência. Ele está baseado no sentido racional, no sentido lógico do verdadeiro e falso; do certo e do errado. Já o sentimento é a parte da nossa conduta mental em que racional e emocional se combinam, nos levando a reagir, a experimentar. Ele se apoia na lógica do agradável × desagradável, do feliz × infeliz, do prazer × desprazer.

Quando estamos conscientes, significa que conhecemos os conteúdos da memória ativa ou consolidada. Sabendo, assim, como ela rege o curso dos nossos pensamentos e dos nossos sentimentos. É por isso que o processo de se tornar consciente é fundamental.

Sob o ponto de vista da Psicanálise, nenhuma resposta para a felicidade que buscamos está do lado de fora. Apesar de o mundo influenciar o modo como vivemos, não é o que se passa do lado externo que será capaz de nos colocar na vida que desejamos. Não é viver no agora que vai estancar o sofrimento, não é o agir sem pensar.

> Freud diz que para se livrar do desconforto é preciso se tornar consciente. E, para se tornar consciente, é preciso se conhecer, começando um processo de reconhecer quem realmente somos.

Enquanto vivemos para corresponder às expectativas externas, apenas existimos. Só quando começamos a compreender quem somos de verdade e a agir conforme o que precisamos é que começamos a trilhar um caminho mais próximo da felicidade.

> **Enquanto vivemos para corresponder às expectativas externas, apenas existimos.**

Na perspectiva da Psicanálise, a busca pela autenticidade está ligada ao conflito interno entre o ego, o superego e o id. Freud ensinou, em *O ego e o id*, que o ego é a parte consciente da personalidade, aquela que tenta equilibrar os impulsos instintivos do id e as regras impostas pelo superego. O superego, por sua vez, é a voz das expectativas sociais e morais que internalizamos desde a infância, muitas vezes vindas dos nossos pais e da cultura em que vivemos.

Quando queremos apenas agradar o superego, acabamos nos afastando dos nossos desejos e necessidades mais profundos, que estão lá no inconsciente. Em *Além do princípio do prazer*, ele aponta que esse conflito pode nos deixar ansiosos, deprimidos e até neuróticos. Para encontrar uma vida mais verdadeira e satisfatória, precisamos ajudar o ego a encontrar um equilíbrio entre os desejos do id e as exigências do superego, o que nos permite atender tanto as nossas necessidades internas quanto as expectativas externas.

Em *Os processos de maturação e o ambiente facilitador*, Donald Winnicott argumentou sobre a importância de sermos nós mesmos, o nosso verdadeiro eu. Ele dizia que quando crianças, muitas vezes somos obrigados a nos moldar às expectativas dos outros e acabamos desenvolvendo um falso eu, uma máscara que esconde quem realmente somos. Na terapia, o trabalho é ajudar a pessoa a descobrir e expressar o seu verdadeiro eu, permitindo que ela viva de maneira mais autêntica e feliz.

A terapia psicanalítica é como um refúgio, um lugar seguro em que é possível explorar conflitos internos e entender melhor os impulsos que guiam o comportamento. Durante as sessões, somos encorajados a falar livremente de nossos pensamentos e sentimentos, e o analista nos ajuda a identificar padrões e conflitos que podem estar nos impedindo de viver plenamente, como Freud diz em *A dinâmica da transferência*. O objetivo é integrar o consciente e o inconsciente, promovendo um equilíbrio saudável entre o id, o ego e o superego.

O processo psicanalítico na prática

Eu não sei quantos pacientes já atendi, mas acredito que foram mais de mil pessoas ao longo de mais de quinze anos. A maioria são brasileiros que moram no exterior. Há oito anos atendo praticamente apenas na modalidade on-line. Muitos chegam até mim através das mídias sociais, alguns por curiosidade em saber como é meu trabalho, outros buscando sanar as próprias dores. Há também os que buscam descobrir o motivo de um vazio, de uma dor incessante que não sabem nomear.

O caso de Caio

Caio (nome fictício) é um desses. Quando me procurou, tinha 28 anos, morava na Alemanha e era natural de uma cidade bem pequena do interior de Minas Gerais. Logo, percebi que ele era um pouco tímido e compensava isso com a eloquência de narrar as diversas viagens e os cursos que fez nos países onde residiu.

Ele contou que estava navegando na internet quando viu um vídeo meu e decidiu me mandar uma mensagem pedindo atendimento on-line. Na primeira sessão, falou sem parar por cinquenta minutos. Toda semana eu o encontrava de uma maneira diferente: dentro de cafés, sentado na praça, andando em parques. Não é algo comum.

Geralmente peço que o paciente esteja em um local tranquilo, silencioso e sozinho. Mas Caio não se encaixava em padrões. Por diversas vezes, ele me disse que estava sob o efeito de entorpecentes. Percebi que a única ligação entre o mundo real e suas fantasias era quando ele estava ali, falando comigo.

Foram longos meses até que ele começasse a falar sobre sua relação familiar: o irmão que era, em suas palavras, "um gênio", e os pais, que viviam superbem, apesar da mãe ser alcóolatra.

Assumir a homossexualidade para a família foi uma questão levantada muitas vezes, até que, em uma ligação, ele me contou que não gostava de mulheres desde pequeno. Acompanhei tudo por vídeo, através do computador, enquanto ele estava no celular. Ele só conseguia ter relações com outro homem se usasse entorpecentes. No meu relatório, há a seguinte frase anotada: "Você tem medo do seu desejo ou das consequências desse desejo?".

Ele se dizia cansado de confusões, e começou a fazer as sessões de análise em locais calmos, falando de modo menos desestruturado, sem resquícios do uso de drogas, e sua verbalização ficou clara. O mundo real estava ganhando espaço. O uso de drogas foi diminuindo, junto do cuidado simultâneo de um psiquiatra e das sessões de análises.

Após dois anos de terapia, Caio começou a namorar. Vivia inseguro e as queixas de ser traído eram frequentes. Trabalhei a autoestima, para aumentar a sua segurança e necessidade de reconhecimento. Há três anos, ele está empregado em uma grande multinacional. Ele e o namorado estão morando juntos, e no último Natal estiveram no Brasil. Hoje ele recorre à análise quando se sente incomodado com algo.

Análise do caso de Caio

Caio representa um exemplo clássico de como a Psicanálise pode ajudar a explorar e resolver conflitos internos profundamente enraizados. A técnica da livre associação, em que o paciente é encorajado a falar livremente sobre qualquer coisa que venha à mente, foi fundamental para que ele pudesse conectar suas experiências de vida aos seus conflitos emocionais.

A resistência inicial, manifestada através do uso de drogas e comportamentos erráticos, foi gradualmente superada à medida que ele se sentia mais seguro no espaço terapêutico. A transferência (que é quando sentimentos inconscientes são projetados no analista) também desempenhou um papel crucial, permitindo que ele revisse e reinterpretasse suas relações familiares e sua identidade sexual.

O caso de Camila

Camila (nome fictício), tem 36 anos, mora nos Estados Unidos, é dona de casa e vive com a mãe, enquanto o resto de sua família reside no Rio de Janeiro. Ela não consegue se fixar em um relacionamento, não gosta de sexo, e seus ex — seja namorado, noivo ou marido — sempre se desentendem com a mãe dela.

Camila foi para a análise querendo entender o motivo de não ficar mais de três anos com alguém. Para todos os relacionamentos que termina, tem a mesma fala: "Esse não me serve, mas quero encontrar alguém".

Durante dois meses, uma vez na semana, ela narrou suas expectativas e medos. Tinha muitos medos, sobretudo o de ficar sozinha, como a mãe. Falava pouco do pai e dos dois irmãos. Até que em uma sessão, entre muitas lágrimas, disse: "Eu era criança, tinha 5 ou 6 anos, uma prima se suicidou. Meu pai chegou tarde do trabalho, e minha mãe queria ir ao velório. Foram meu pai, minha mãe e meus dois irmãos. Eu fiquei na casa da vizinha e chorei muito, pois queria ir junto. Eles esperaram eu me acalmar e saíram. Após seis horas de viagem, meu pai dormiu na direção. Sofreram um grave acidente. Meu pai faleceu. Meu irmão quebrou o braço. Outro irmão quebrou as duas pernas e minha mãe teve cortes".

Nas outras sessões on-line, pedi que fechasse os olhos e contasse em detalhes o que aconteceu naquela noite. O que gostaria de ter falado para o pai, mas não disse. O que ela sentia: aromas, sensações, gritos. Foram várias sessões, várias visitas ao passado. Sempre com a certeza de que ela não estava sozinha em casa e que teria pessoas para ampará-la caso se sentisse mal.

Com a análise, ela percebeu que na verdade não conseguia manter um relacionamento pois havia assumido o papel do pai em relação à mãe. Ela se sentia culpada pela morte do pai e pela tragédia daquela noite. Com o passar das sessões, foi desculpando a si mesma, se perdoando e deixando o seu ego mais forte para enfrentar a vida como ela se apresenta, com suas surpresas.

Análise do caso de Camila

Aqui vemos ilustrada a importância da rememoração, uma técnica de acesso direto ao inconsciente, e da elaboração dos traumas passados. A técnica de regressão foi fundamental para ajudá-la a reviver e trabalhar o trauma não resolvido da infância. A relação transferencial permitiu que Camila projetasse seus sentimentos de culpa e abandono no analista, possibilitando a elaboração desses sentimentos em um ambiente seguro. Por meio da interpretação e do trabalho constante, Camila pôde reestruturar suas percepções sobre si mesma e suas relações, alcançando maior equilíbrio emocional.

Como é possível notar, o processo de Psicanálise é profundo e leva tempo. Nem tudo o que vem à tona numa sessão de terapia é facilmente digerível. Há informações que ficam, durante muito tempo, guardadas numa gaveta bem trancada, justamente porque não é fácil lidar com elas e compreendê-las. Trazer conteúdos inconscientes à luz também requer capacidade de lidar com eles.

Certa vez, li um artigo de Alain de Botton, chamado "Why You Will Marry the Wrong Person" [Por que você se casará com a pessoa errada], em que ele dizia que todos somos um pouco loucos. Que, além de "neuróticos, desequilibrados e imaturos", não reconhecemos esse fato, e isso porque não somos incentivados a fazê-lo. Ele traz que é urgente que cada um reconheça a própria forma de loucura, pois devemos "enfrentar neuroses, compreender de onde vêm, o que elas nos levam a fazer e, mais importante, o que as provoca ou as acalma". Em outras palavras, a chave do que procuramos está em nos entendermos em nossa essência, e devo dizer que não somos apenas loucura.

Há outras descobertas que podem nos fazer dar conta de quanto tempo perdemos vivendo uma realidade que não era a nossa. Essas descobertas trazem uma série de oportunidades e até desencadeiam uma avalanche criativa que libera tudo o que precisava ser reconhecido para ser legitimado. Elas trazem também um conteúdo libertador, de ir ao encontro de nós mesmos e da vida que sempre quisemos levar, mas nunca nos permitimos — e, em muitos casos, nem sequer imaginamos que ela já estava desenhada dentro de nós.

O processo de nos tornarmos uma pessoa mais consciente é um caminho sem volta. Uma vez que reconhecemos ou entendemos algum aspecto de nós mesmos, modificamos a maneira como enxergamos uma situação – e até mesmo a forma como julgamos um sofrimento ou valorizamos um desejo.

Imagine uma pessoa que esteja passando por um dilema em sua vida amorosa/familiar. Ela acabou de ter um bebê. Está em licença-maternidade, não se sente feliz com o comportamento do marido, que dedica pouco tempo à família. Ele, que é triatleta amador, acorda muito cedo para treinar e volta tarde da noite, depois de fazer hora extra na mesa de operações do banco onde trabalha.

Ele diz que está fazendo a parte dele, que é trabalhar, ganhar dinheiro para sustentar a família. Ela diz que se sente sozinha, que está exausta e sobrecarregada com as tarefas da maternidade. Ela não vê a hora de retomar a rotina profissional e quer aproveitar para dar um basta no casamento, já que não tem mais cumplicidade, mas não sabe ao certo o que fazer da vida. Apenas tem certeza de que não quer mais ficar onde está.

Ao acessar o pré-consciente, descobre que a insatisfação com o marido vem de uma idealização da figura do pai. Ela teve um pai amoroso, que cuidava dela enquanto a mãe estava trabalhando. Para ela, esse é o modelo de pai ideal, um que julga que seu bebê não terá. A partir do momento que ela entende que existe em seu pré-consciente uma construção idealizada da figura do pai, terá de lidar com a informação independentemente da escolha que faça.

A vida mais consciente não é necessariamente mais fácil, mas traz elementos para fazermos melhores escolhas e assumirmos a responsabilidade por elas. É como se, conforme ficamos mais conscientes, mais cartas são abertas na mesa, mostrando as possibilidades de jogo. Ainda assim, a forma de jogar é particular de cada um. Tornar-se consciente pode ou não significar uma mudança radical.

Vamos voltar ao exemplo da pessoa que ama a vida perto do mar, mas construiu outra realidade para si mesma? Quando ela toma consciência de que fez uma escolha de vida que não condiz com seu desejo maior, ela pode querer dar uma guinada: vender o apartamento e mudar com a família para a praia. Pode também deixar esse plano para depois, por entender que não seria o momento ideal. Também pode simplesmente entender que, sim, ela suprimiu um desejo por causa do que os pais sonhavam para ela, mas isso não foi de todo ruim. E a vida escolhida também lhe traz alegrias.

Essas são apenas algumas das atitudes que ela pode tomar a partir da tomada de consciência. O grande ganho é deixar de ter a sensação de estar em débito, de estar deixando a vida para depois. Quando isso acontece, o que se está vivendo fica claro. Ser consciente traz clareza para os planos e força para bancarmos o que quisermos. Esse algo mais – e muito maior – que você é na essência, permitirá que você alcance maior autenticidade e autorrealização.

Se é isso o que você está buscando, há muito o que explorar sobre a sua vida interior para que você entenda os seus porquês. Somente ao tomar consciência do que ainda falta e do que causa o vazio interior é que será possível fazer escolhas que o completem.

Autoanálise

Na psicanálise, além do Princípio do Prazer – que é aquele em que o sujeito busca incansavelmente satisfazer os próprios desejos –, existe o Princípio da Realidade, em que o indivíduo coloca sua vida em evidência através do que é real para ele, deixando as ilusões de lado.

Pensando nisso, avalie:

- Suas relações são pautadas pela realidade ou por ilusões?
- Quais mentiras você conta para si mesmo por medo de encarar a realidade em que vive e assumir a responsabilidade por seus problemas?

CAPÍTULO

05

Por que você é como é (ou acha que é)

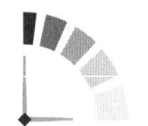

Todos nós já fizemos alguma reflexão de autoconhecimento. Na escola, logo que aprendemos a escrever, é provável que uma professora tenha proposto a redação com o tema "Quem sou eu". Nela, talvez tenhamos discorrido sobre características físicas e alguns traços de personalidade. Falado do que gostamos ou não, de como procuramos agir com as pessoas. Se eu lhe fizer essa mesma pergunta hoje, é provável que você consiga responder com certa facilidade.

Quando dizemos quem somos, pensamos na forma como nos apresentamos ao mundo. Por exemplo, eu, Natthalia, sou filha única, sou mãe e sou psicanalista. Sou uma pessoa que gosta de viajar, tenho uma personalidade tímida e não gosto de aglomerações. Basicamente, nos descrevemos a partir de dois pilares principais: a personalidade e o caráter, e é a partir deles que contamos a nossa história. Uma história singular, individual; só nossa. E é o que acontece quando as pessoas contam as próprias histórias para a gente.

Dessa troca, conseguimos balizar a nossa própria trajetória, nos reconhecer através do que o outro diz. Podemos até mesmo dizer que sabemos nosso lugar no mundo a partir dessa comparação e interação. Quem nos ensina isso é, mais uma vez, Freud, por meio dos conceitos de ego ideal e ideal de ego; entendê-los é um exercício de autoconhecimento.

Ego ideal: como você seria se fosse perfeito

Quando uma criança nasce – ou até mesmo antes de nascer – já existe uma série de expectativas para ela. Os pais, responsáveis por garantir sua segurança e educar, dão um tom para todo esse processo de acompanhamento do crescimento e, inevitavelmente, transferem para a criança o que consideram um modelo ideal, um padrão de personalidade. No texto "Introdução ao narcisismo", Freud se refere ao *ich-ideal*, expressão em alemão que significa ego ideal, como aquilo que completa a expectativa que o outro depositou em nós, numa instância imaginária.

O ego ideal é, portanto, ditado pelo narcisismo, que é o amor exagerado por aquilo que idealizamos como perfeito. Esse narcisismo é fruto dos modelos morais fornecidos pelos pais, avós, escola, familiares, amigos, mídia, ou seja, por todos aqueles que nos disseram o que fazer e deram seu exemplo.

Esses modelos estão carregados de idealizações do cuidador, com base no que ele almeja e acredita ser o melhor e mais perfeito. Conforme copiamos esses modelos – ditados por padrões sociais morais, religião, comportamentos sociais adequados –, vamos estruturando nossa conduta moral e a ação da censura interna ao nos relacionar na vida.

> Como o ego ideal é uma projeção do que uma pessoa seria se ela fosse perfeita, ele está sempre conectado com características excepcionais e prestigiosas, como perfeição, beleza, independência, força, orgulho, autoridade...

> Essas qualidades podem ser representadas pela figura do pai, da mãe, de um super-herói ou qualquer pessoa que em um momento da vida vemos como um ser sem defeitos. É o padrão do ego ideal que nos projeta, como quando assistimos a filmes de ação ou aventuras, ao lugar dos super-heróis ou mocinhos. Nós nos sentimos vivendo aquelas cenas no lugar dos personagens, agindo como eles, torcendo por eles.

Quando falamos de ego ideal, falamos de valores estabelecidos pela sociedade como: ser belo, ser magro, ser elegante, ser inteligente, ser insubstituível, casar-se com um príncipe/uma princesa, fazer a melhor faculdade, ser o melhor profissional, ser considerado uma pessoa perfeita. Tudo isso não é apenas desejado, mas regulado por uma censura externa que nos cobra ser e agir conforme os padrões estabelecidos. Vamos absorvendo esses conceitos e eles vão virando memória introjetada. E então... consegue perceber onde isso vai chegar? À realidade. É possível corresponder ao ego ideal o tempo todo? Claro que não.

Toda vez que o ego não consegue a satisfação das idealizações que foram introjetadas como valores do ego ideal, sentimos uma profunda frustração. Afinal, é agradando os outros que aprendemos, desde bebês, a garantir segurança e reconhecimento na relação com as coisas, pessoas e sistemas (profissional, familiar etc.).

Em "Os arruinados pelo êxito", Freud explica que a frustração, em geral, surge em consequência da não realização de um desejo, de uma decepção ou de uma falha. Nem sempre nos damos conta de que estamos frustrados, porque esse processo é inconsciente.

Pense em uma pessoa que tem como ego ideal ser magro, mas tem compulsão por doces. Ela não consegue controlar a alimentação e, portanto, se sente frustrada por não conseguir corresponder às expectativas dos outros – e àquilo que ela mesma tomou como correto. Talvez essa pessoa não se sinta digna de ser querida e admirada por não conseguir alcançar esse ideal.

Para evitar a frustração, muitas pessoas desenvolvem mecanismos como a mania de perfeição e o orgulho. Em nível inconsciente, é como se a pessoa pensasse: *Eu nunca vou falhar e, dessa forma, serei sempre uma pessoa digna de aprovação.* Mas não é possível se sustentar com uma idealização.

Ao entender seu ego ideal, você consegue identificar a forma como quer se apresentar ao mundo. Isso diz muito sobre o quanto você está feliz – ou frustrado – consigo mesmo. Fala também das suas autocobranças quanto ao que deseja aparentar para as pessoas, o reconhecimento que busca ter e o preço que está disposto a pagar por tudo isso a fim de evitar frustração e mágoa por se sentir inadequado.

Ideal de ego: como seria sua conduta moral ideal

O ideal de ego é uma formação psíquica que serve de referência ao ego, mostrando o modo como um indivíduo deveria se comportar. Assim como o ego ideal, ele também tem origem nos valores que aprendemos com nossos pais e a sociedade. No entanto, enquanto o ego ideal dita como devemos ser e nos apresentar aos outros, o ideal de ego regula o caráter e os comportamentos.

> Na formação da estrutura do caráter estão consolidadas todas as informações que consideramos um valor. Esse valor pode tanto servir ao indivíduo, pensando só em si, no próprio benefício ou prazer (chamamos de valor egocêntrico) ou sugerir uma atitude que pensa também nos outros (o chamado valor empático).

São exemplos de estruturas do ideal de ego: ser fiel, ter capacidade de compreensão, ser capaz de perdoar, e também tudo o que está relacionado à conduta que consideramos ideal, como: não roubar, não matar, não gastar mais do que ganha, não fazer sexo fora do casamento, dizer sempre a verdade, ser honesto com as pessoas, respeitar os mais velhos, manter a integridade, cultivar a humildade, enfim, para cada pessoa, o ideal de ego tem um conjunto de comportamentos estabelecidos.

Esses ideais de conduta também vão sendo absorvidos ao longo da vida e viram memória introjetada. Quando temos um comportamento que contradiz um ideal de ego, nos sentimos culpados. Por isso, ao sentir culpa, é necessário entender o que nos fez não seguir o ideal de ego e agir de forma oposta.

Para cada pessoa, o ideal de ego tem um conjunto de comportamentos estabelecidos.

Qual a origem desse impulso? Houve arrependimento? O caminho não é fugir dos desejos, mas elaborar de onde eles surgiram. Envolve acolher o que sentimos, mesmo quando não é algo que julgamos nobre. Todos nós também somos sombra, também somos feitos de partes que não são evoluídas, mas que, ainda assim, são nossas. Trazê-las para a consciência é a melhor maneira de lidarmos com elas. Sendo assim, podemos dizer que:

- O ideal de ego estabelece os padrões ideais de relações internas (nós com nós mesmos, com nosso mundo interno, como achamos que deve ser).
- O ego ideal estabelece os padrões ideais de relações externas (como nós nos comportamos no mundo).

Quer ver como funciona na prática? Vamos supor que você se obriga a ser capaz de se casar com uma pessoa moralmente perfeita (ego ideal) e que deve ser honesta com ela (ideal de ego). A partir desses dois conceitos, você consegue entender como se dão as relações e também como surgem conflitos. Por exemplo, é a combinação do ideal de ego com o ego ideal que permite a paixão amorosa, na qual achamos ter encontrado o companheiro perfeito. O ego ideal cria a ideia de que existe o príncipe e a princesa, e o ideal de ego a de que eles terão uma conduta perfeita um com o outro para o resto da vida e viverão "felizes para sempre".

Nem sempre é possível corresponder ao que o ego ideal espera, e é preciso reconhecer isso para fazer as pazes consigo mesmo. Da mesma maneira, nem sempre o que é idealizado

Todos nós também somos sombra, também somos feitos de partes que **não são** evoluídas.

> **Nem sempre é possível corresponder ao que o ego ideal espera, e é preciso reconhecer isso para fazer as pazes consigo mesmo.**

no ideal de ego corresponde aos nossos desejos e tendências reais. Pode ser que estejamos nos cobrando uma conduta impecável para o resto da vida. O que foi construído no ego ideal e ideal de ego é o que nos ensinaram como certo e importante para sobreviver, nos relacionar, nos sentir seguros, ter reconhecimento. No entanto, o que ninguém contou é que a felicidade não é garantida pela satisfação do ego ideal ou do ideal de ego.

Mesmo quem consegue corresponder a esses altíssimos padrões pode não se sentir completo e pleno; pode achar que está faltando algo. Identificar o que o ego ideal e o ideal de ego dizem sobre nós é um exercício interessante de autoconhecimento que nos deixa mais conscientes de nosso caráter (quem somos) e da nossa personalidade (como nos apresentamos ao mundo).

Imagine uma pessoa que sempre pensa que o dinheiro deve ser poupado; desde pequeno ouve do pai que "dinheiro não conta prosa". Todo gasto é anotado na ponta do lápis – e até os centavos são calculados. Aprendeu dessa maneira e internalizou a ideia de que um homem provedor precisa ser humilde, sensato, resignado, ponderado e que "não deve gastar mais do que ganha".

Aprendeu a reter desde muito cedo, e até seu intestino é preso. Nas viagens de família, quando gasta além do planejado, a culpa não demora em aparecer. O ideal de ego ataca, lembrando-o que deveria ser um homem equilibrado, que faz parte do seu caráter administrar as finanças, ser cauteloso. Gastar demais é uma conduta reprovável. Entretanto, ela convive com a ideia que lhe parece inacessível: comprar uma moto e tirar um ano sabático viajando.

Autoanálise

Vamos supor que na formação do caráter de um sujeito (ideal de ego), ele foi incentivado a agir de maneira egocêntrica, pensando apenas em benefício próprio, conseguindo dinheiro através de estelionato. Esse dinheiro foi importante para a satisfação de suas necessidades básicas de sobrevivência (moradia, alimentação e higiene), mas também proporcionou momentos de prazer (viagens, carros caros e hospedagens de luxo). Pode-se dizer que essa desonestidade é um valor, que norteia suas atitudes.

A partir desse cenário, pergunto: e você? Quais atitudes demonstram os seus valores? E que valores são esses?

Agora, como adulto, escreva sobre "quem você é", a partir dos dois pilares principais de que falamos desde o início do capítulo: personalidade e caráter. Ao terminar, reflita se os seus valores estão de acordo com a pessoa que você deseja ser.

CAPÍTULO

06

Você é o que você deseja

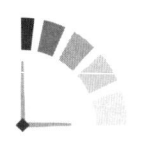

É muito comum as pessoas chegarem para uma sessão de análise comigo sem saber ao certo o motivo real que as levou a marcar a consulta. Vêm com uma queixa: "Eu estou muito nervosa e não sei por quê", "Natthalia, eu não consigo me concentrar no meu trabalho, preciso resolver isso e não sei como", "Eu ando muito desmotivado...", "Eu queria mudar de vida e não sei nem por onde começar", "Será que eu sou uma fraude?", "Será que eu mereço o que acontece de bom na minha vida?", "Será que eu estou no relacionamento certo?", "Será que eu escolhi a profissão ideal?". Essas dúvidas denunciam a desconexão com quem se é de verdade.

Sempre peço que esses pacientes me contem mais, pois assim posso entender o momento pelo qual eles estão passando, quais são suas inseguranças e dores. A narrativa traz uma troca importante que permite uma conexão maior, além de informações tangíveis e práticas com pistas do que está no inconsciente.

O meu trabalho nesses casos é ajudar a trazer para o consciente aspectos que essas pessoas ainda desconhecem. O caminho da consciência plena é abrir as gavetas da mente. Algumas estão semiabertas – posso dizer que estão no pré-consciente –, mais fáceis

> **O caminho da consciência plena é abrir as gavetas da mente.**

de serem acessadas. Outras estão mais emperradas e há, ainda, aquelas trancadas a sete chaves.

Certa vez, atendi uma mulher que desabafou logo em nossa primeira sessão: "Eu me casei com um homem maravilhoso. Meus filhos estão na faculdade. Sou uma empresária bem-sucedida. Mesmo assim, não sou feliz". Essa paciente estava sofrendo de um vazio existencial, não conseguia explicar o que havia de errado. E talvez não houvesse nada de errado com a vida dela, se estivéssemos olhando do ponto de vista do que é considerado sucesso.

No entanto, ela precisava fazer um mergulho em si mesma, abrir as gavetinhas fechadas e encontrar o que não estava sendo contemplado em sua realidade. Conforme tomou conhecimento do conteúdo das gavetas, ficou mais consciente de si mesma. E o maior tesouro que estava guardado nelas foi resposta para a pergunta: "O que você deseja?".

Apesar de ter uma vida aparentemente perfeita e bem-sucedida, essa empresária se viu desorientada e infeliz por ter deixado de lado sua essência, seus sonhos e desejos mais íntimos em prol do que era considerado o caminho "correto". Sempre quis cursar Educação Física, mas acabou estudando Administração de Empresas para tocar os negócios da família. Esse sonho ficou adormecido enquanto ela seguia sua vida se realizando no casamento e na maternidade, mostrando-se, ainda, uma ótima empresária.

Ao abrir as gavetinhas do próprio inconsciente, ela se reconectou com desejos adormecidos e esquecidos sob as responsabilidades e expectativas externas. E enfim compreendeu que a chave para preencher seu vazio existencial estava em alinhar suas escolhas com aquilo que a fazia verdadeiramente feliz e realizada.

Mergulhando mais a fundo, ela entendeu que sua conexão com a Educação Física vinha da necessidade de promover o bem-estar das pessoas. Foi então que teve a ideia de redirecionar sua vida profissional para algo que contemplasse esse desejo. Criou em sua empresa um programa de qualidade de vida e, dessa forma, passou a oferecer aos seus funcionários um espaço dedicado à prática de atividades esportivas e ao bem-estar.

Ela se deu conta de que havia negligenciado a prática esportiva em sua vida, e voltou a nadar e até participou de competições. Essa jornada de autoconhecimento e redescoberta foi essencial para que ela encontrasse um novo sentido em sua vida e pudesse resgatar a própria felicidade. Afinal, nós somos o que nós desejamos.

Outro exemplo é o de um paciente que estava muito infeliz no casamento, prestes a se divorciar. Ele me contou que sempre foi apaixonado pela mulher, mas que a rotina da vida a dois, morando sob o mesmo teto, estava muito distante do que ele havia imaginado. E olha que já tinham feito várias viagens longas e tudo havia sido perfeito! "Me conte mais", incentivei.

Então ele me contou que a causa de sua insatisfação era que a esposa trabalhava demais e chegava mais tarde do que ele em casa. Estava sempre exausta. Ele tinha que preparar algo para comerem e nem sempre havia comida na geladeira, pois não dava tempo de fazer as compras no mercado. Sem falar que a casa estava sempre mal-organizada.

Disse que não estava acostumado com tanta bagunça e que precisava de uma rotina mais equilibrada. Aquilo não estava fazendo bem para ele, que se sentia exausto, além de frustrado com a realidade do casamento.

Na casa dos pais, tudo funcionava muito bem. A mãe sempre fez questão de organizar o menu da semana, de forma que não faltasse nada. Assim, quando era solteiro, ele chegava do trabalho e não precisava pensar em mais nada. Tinha comida fresca no fogão e, depois, era só relaxar em seu quarto impecável e cheiroso. A nova realidade o deixava ansioso, exausto e irritado. Isso estava resultando em brigas que acabavam por desgastar a relação a dois. Ambos iam dormir de cara feia. Às vezes, ele acabava indo dormir no sofá.

Ao longo das sessões de análise, fomos entendendo que ele criou uma fantasia do que seria o casamento: uma reprodução da rotina de sua casa, que havia sido estabelecida por sua mãe, tendo de ser empregada pela mulher por quem estava apaixonado. E de onde veio essa idealização?

Ela foi construída a partir das memórias introjetadas de sua educação, como a de que "é a mulher que cuida da casa". Indo mais a fundo, ele entendeu que a necessidade de ter tudo organizado aos moldes daquilo que a mãe fazia era também uma forma de provar para os pais que seu casamento era um sucesso. E de onde vinha essa necessidade de aprovação? E então, mais uma gaveta se abriu.

Ele sempre foi muito repreendido por ser um menino bagunceiro. Chegamos à conclusão de que organização não era, de fato, um valor em sua vida, e ele tinha dificuldade com isso. Quando tomou consciência, disso, passou a enxergar o casamento de outra forma. Uma pessoa pode procurar um relacionamento para esconder seu desconforto, transferindo ao parceiro a responsabilidade que deveria ser dela mesma. No entanto, nada consegue ficar encoberto por muito tempo. O desconforto vai aparecer em algum momento.

Isso abriu um campo de novas percepções a partir do momento em que ele desconstruiu a idealização do casamento e refletiu: "O que eu estou exigindo dos outros que eu mesmo não realizo?", "Estou sendo o marido que ela idealizou?", "Eu me cobro que o outro seja o ideal, mas será que eu estou sendo?".

Meu paciente basicamente parou de colocar a própria vida nas mãos da esposa e dizer: "Toma aí, não sei o que fazer com isso, cuide você!". Ele analisou os prós e os contras do casamento, passando a visualizar a realidade, não a ilusão. E assim pôde resolver se continuava casado ou não. Foi só ao entender quem era, quais eram as suas ilusões, que ele pôde tomar uma decisão consciente: não terminar o casamento só porque a esposa não fazia o jantar.

Costumo dizer que "Segurança dentro, sim; bengala fora, não". O que isso quer dizer? Que você precisa buscar segurança e reconhecimento dentro de si mesmo, e não esperar que o outro lhe dê. Se você realizar a sua função no mundo, de acordo com a sua essência, você deixa o outro ser o outro e para de responsabilizá-lo. Faça a sua parte, porque se algum dia ele faltar, você não vai cair no chão. Se a sua bengala é o outro, quando ele faltar, você vai cair. Mas se você abrir suas gavetas e tomar a responsabilidade para si, continuará o seu caminho e sempre terá pernas para andar.

Enquanto não abre suas gavetas, você apenas existe, mas não está vivendo. O existir é um estado no qual provisoriamente estamos sofrendo com a busca da felicidade fora de nós mesmos, com alta expectativa de receber da vida para estar feliz, e nos frustramos ao não obter o que desejamos.

Apenas existe quem somente come, dorme, acorda, vai para o trabalho, reclama, compra, gasta e não desenvolve nenhum esforço de melhoria interior, fazendo a felicidade depender de outras pessoas, coisas e sistemas. Existe quem é cronicamente orgulhoso e se revolta, culpando a tudo e a todos pela sua infelicidade. Existe quem vive somente para si, guiado pelo gostar egocêntrico, e não pelo amar nem pelo compreender empático. Existe quem não desenvolve metas para realizar algo de bom para as outras pessoas, só pensando nos próprios interesses, na ilusão de que isso basta para ser feliz.

E quem vive realmente? O indivíduo que leva a vida construindo a felicidade com base no que é real, que evolui constantemente pelo dar, pela compreensão, pelo servir desinteressado, pelo amor incondicional e pela baixa expectativa de receber da vida para estar feliz.

Autoanálise

Nenhum valor é desenvolvido sem que exista uma identificação. Se você deixar de falar, de raciocinar sobre os temas abordados e desenvolvidos aqui, sua mente provavelmente os apagará. Entretanto, se você buscar respostas dentro de si mesmo, questionando-se sobre quais opiniões externas estão arraigadas no seu íntimo – e que podem ser ressignificadas –, é possível atingir uma nova percepção, promovendo o aprimoramento de sua autoestima e a formação de novos valores.

Pondere:

- Quais crenças estão tão arraigadas em você que o impedem de alcançar a plenitude?

- Quais foram os sonhos que as opiniões alheias o impediram de alcançar?

- Quais aspectos você trouxe do ego ideal e do ideal de ego, que não são os seus desejos, mas sim o que outros desejaram para você?

CAPÍTULO

07

Por uma vida real e sem sofrimento

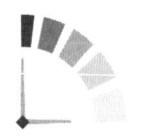

Quando não estamos conscientes é comum que situações que nos trazem sofrimento se repitam em nossa vida. No exemplo da empresária com vazio existencial, enquanto ela não acessasse a causa desse vazio, ela corria o risco de continuar se realizando em sua vida pessoal – talvez vendo um filho casar-se, tendo netos, fazendo viagens lindas com o marido –, e seguir incomodada com o fato de não se sentir plenamente preenchida.

Na história do moço desapontado com o casamento, ele poderia decidir se divorciar, mas sem abrir suas gavetas, acabaria novamente na cilada da idealização da esposa ideal. E, mesmo ao se casar com outra mulher completamente diferente, ele se veria repetindo os mesmos problemas. Isso acontece porque enquanto você não traz o seu desejo à tona, tornando-se consciente, você age para satisfazer o ego.

O ego investe em algo para satisfazer a si mesmo. Se não tem o retorno esperado, ele desinveste. De uma forma bem simples: eu me caso com você porque você vai me dar um carro, e o que está na minha idealização é que um bom marido dá presentes para a esposa. Se você não me dá o carro, eu paro de investir em você e vou arrumar outro marido. Mas a situação vai se repetir. O outro marido dá o carro, mas não dá a viagem. A crise se instala de novo.

Diante da dificuldade de ter um casamento feliz, posso concluir que "dou azar", "sou vítima", "não nasci para casar".

Quer ver outro caso? Vamos supor que eu vá trabalhar numa empresa, esperando que todos os dias eu faça o que gosto. Mas percebo que, além de fazer o que gosto, há uma parte da qual eu não gosto. Assim, peço demissão e vou procurar outro emprego que atenda o meu ideal. No entanto, a situação vai se repetir na nova empresa, e eu nunca estarei satisfeita profissionalmente. E posso pensar que "escolhi a profissão errada", "trabalhar é sofrer", "preciso arrumar alguém que me sustente". A lista de conclusões que não resolvem o problema é enorme! E só traz mais frustração, sofrimento e a sensação de estar deixando a vida para depois.

A constante dúvida do que se quer da vida também é sinal de que não estamos conscientes e vivemos a idealização do ego. Na Psicanálise, isso é chamado de ambivalência. Um bom exemplo é de alguém que não sabe se faz um mestrado na Noruega ou se continua em seu país, no emprego que lhe traz estabilidade. É difícil fazer essa escolha sem trazer para a consciência o que se deseja de fato, e a dúvida pode permanecer mesmo depois da decisão tomada, o que gera aquela sensação de que não se está no lugar certo, na hora certa. Para isso, damos o nome de clivagem, que costuma ocorrer especialmente quando as coisas não vão bem. Então se a pessoa decide ir para a Noruega, ela sofre pensando em como seria se tivesse permanecido no próprio país. Se escolhe ficar, sofre imaginando como seria a vida se tivesse optado por viver uma experiência no exterior. Desse jeito, nunca está feliz e satisfeita com a própria realidade.

Quando estamos conscientes e conhecemos o que desejamos, temos condições de decidir a partir de um novo lugar, cientes de quem somos e do que queremos. Um dos ganhos é ter a possibilidade de fazer escolhas que pertencem à nossa vida, e parar de tentar se adequar a um papel. Pense em uma atriz de comédia tentando interpretar um drama com toda a intensidade e sofrimento. Está evidente que aquela não é a sua melhor performance. Soa falso. E o que é falso traz medo e infelicidade.

Ao nos conhecermos, saímos do campo da dúvida a respeito de quem realmente somos, pois passamos a nos reconhecer, e a autenticidade traz coragem e felicidade. Esse conhecimento precisa, então, ser colocado em prática para transformar a nossa vida. Tem que sair da teoria e ir para a prática. Estar consciente é fazer escolhas com maturidade, sabendo que nem sempre tudo é como queremos, mas cientes do que fazemos e por que fazemos.

Estar consciente é fazer escolhas com maturidade.

A idealização de que existe uma vida perfeita cria confusão mental. Por isso é importante não apenas estar consciente, mas entender que nos contaram uma mentira: felicidade não é viver apenas eventos agradáveis. A vida é o que ela é. Não nos exime de passar por situações difíceis ou por desafios. No entanto, quando vivemos com autenticidade, escolhemos superar os problemas porque vemos um propósito maior naquilo, algo que ressoa com a nossa essência.

Sei que não é tão simples na prática. Por exemplo, você conseguiu um emprego na empresa que sempre quis, mas tem um chefe insuportável ou precisa se adequar às regras da organização que nem sempre ressoam com seus valores. A partir de uma escolha consciente, precisa decidir: ou se adequa, ainda que não tenha uma rotina ideal, ou sai, abrindo mão do plano de fazer carreira ali, porque seus valores falaram mais alto. Não tem resposta certa. A escolha consciente sempre terá prós e contras. Estamos falando de maturidade.

Digamos que o seu princípio de respeito ao próximo não corresponde ao modo como a empresa se relaciona com os funcionários, e ter que se adequar a isso gera sofrimento em você. Isso acontece porque você sabe que é necessário adequar princípios como respeito, responsabilidade e amizade às normas do mundo. Ser "normal", aliás, é exatamente isto: se adequar às normas para conviver no mundo. É aceitar a censura do superego para viver em sociedade; caso contrário, vai agir conforme a própria cabeça, pelo princípio do prazer *versus* o princípio da realidade.

Tomar essa decisão é mais trabalhoso quando você se conhece porque aí você fala: "Sei que essa pessoa não sou eu, mas eu preciso desse emprego, eu preciso dançar conforme a música". Quando você tem conhecimento, sofre mais que quando não tem, e esse é um sofrimento consciente. É estar no mundo sem ser do mundo. Em outras palavras, é saber que não está vivendo de acordo com sua essência, mas que fez essa escolha por algum motivo maior.

Talvez você me pergunte: "Natthalia, a gente busca a consciência e, quando tem consciência, sofre mais?". E eu respondo: a partir do momento em que vemos a vida como ela é, temos a chance de parar de nos vitimizar ou de responsabilizar os outros. É o poder de decisão consciente que fará a diferença. Claro que essa não é uma regra geral. Existem situações em que, ao tomar consciência, decidimos dar um basta, pois ao olhá-las com mais atenção, vemos que não existe razão para continuar.

> **A partir do momento em que vemos a vida como ela é, temos a chance de parar de nos vitimizar ou de responsabilizar os outros.**

Agora, se a situação tem um aspecto que faz sentido e ressoa com o que somos ou desejamos, é preciso fazer uma negociação interna madura. Imagine uma pessoa infeliz com o casamento, que, ao mergulhar em sua essência, entende exatamente a causa. No entanto, ela não está preparada para lidar com as consequências de um divórcio. Assim, seu diálogo interno será: "Eu sei exatamente por que estou sofrendo. Mas escolho ficar nessa relação por mais um período, enquanto me fortaleço emocional e financeiramente para enfrentar uma separação".

Veja o caso de um homem que aceitou a ideia dos pais de que deveria seguir a carreira jurídica pois o pai é juiz, o avô foi um advogado muito reconhecido, a irmã é advogada: "Eu tenho que seguir na carreira jurídica como minha família espera, não posso ser cozinheiro, como sonho desde criança". No momento em que fez a escolha, ainda não estava consciente dos seus reais desejos e da crise que aquela decisão que não correspondia à sua essência causaria no futuro.

Estudou direito, chegou a sócio de um escritório de advocacia e montou o seu próprio. Talvez tenha realizado o sonho dos pais, talvez da sociedade, como ideal de sucesso e felicidade, mas não se tornou um homem feliz. Ao tomar consciência de quem ele era na essência, descobriu que nunca quis ser advogado, sempre gostou de cozinhar. Foi quando entendeu que aquela carreira não fazia sentido para ele. O que fazer de imediato? Negociar.

Ele não pode jogar tudo para o alto, porque tem clientes, funcionários e toda uma vida estruturada, mas vai montar um plano para ser chef de cozinha, que sempre foi o seu sonho de infância. Por mais que não esteja feliz e sofra consciente de que a vida profissional que construiu não é a ideal para ele, continua tomando atitudes para seguir o seu plano de mudança.

Vamos pensar agora em uma mulher que se casou, se tornou mãe e não está feliz com a rotina, porque tem que trabalhar muitas horas por dia, inclusive nos fins de semana. Seu cargo na área de eventos a impede de ter mais tempo para cuidar de seus filhos. Ela sente culpa por estar ausente, tendo que deixá-los com a babá. Em contrapartida, está muito realizada no trabalho, atuando na área dos seus sonhos, fazendo o que gosta e ainda sonha com mais. Sonha ter sua empresa de organização de casamentos.

Nesse caso, ela também está consciente de que precisa fazer algumas escolhas, como entender que nem sempre temos tudo o que queremos, e ela deve colocar na balança o que quer para si. Precisa avaliar se, para ser uma boa mãe (ou o que idealiza ser uma boa mãe), deve renunciar à carreira naquela empresa, ou se tem que ressignificar seu modelo de maternar, o que requer negociar consigo mesma.

Estar consciente não lhe trouxe a felicidade imediata, mas lhe trouxe clareza, e ela pode entender por que faz o que faz e como faz. Assim, vive uma vida mais autêntica, apesar de não ser perfeita. E age como uma pessoa madura. Quanto mais flexível, mais madura ela é. Não é perfeito, mas como eu me adapto? Essa postura é bem diferente de levar o trabalho com a barriga, infeliz, só cumprindo tabela e existindo. É diferente de todo dia fazer a mesma coisa sem estar consciente e chegar em casa se sentindo culpada, revoltada com o que deu errado; infeliz.

> Quando estamos conscientes, podemos decidir: "Não é o ideal, mas é o que eu tenho. Então, vou parar de sofrer". A partir disso, nos concentramos no presente e fazemos uma escolha, sem permitir que a idealização de uma situação perfeita nos coloque num estado de angústia ou de ansiedade, vivendo no passado ou no futuro.

O remédio para o sofrimento é compreender a vida, tornando as escolhas mais leves. Não é perfeita, mas é a que temos. Quando desejamos algo e vamos atrás de realizar esse plano ou esses sonhos de forma consciente, sabendo que nem tudo será perfeito, adquirimos uma postura corajosa e forte diante da vida. Entendemos que de uma perspectiva evolutiva, as nossas escolhas não são positivas nem negativas. São do jeito que são. Escolhas que fizemos – e consideramos erradas – são, na verdade, oportunidades de aprendizado. Até mesmo a dor é uma oportunidade de crescimento interior. Quando temos consciência disso, o sofrimento diminui. E nos concentramos na lição.

Autoanálise

Enfrentar-se é buscar dentro de si as respostas para as derrotas (sejam afetivas, financeiras, profissionais...), estabelecer novas percepções da importância de avaliar as nossas escolhas, e aprender junto a elas, eliminando a dependência emocional de buscar a felicidade através de pessoas, coisas, trabalho ou comunidade.

Eventualmente, compreendemos que todas as decisões, sejam elas "boas" ou "más", "certas" ou "erradas", "negativas" ou "positivas", no fim servem como oportunidades de aprendizado.

Pensando nisso, avalie:

- Você acredita que a sua felicidade será encontrada fora de si mesmo?
- Você sente ressentimento por escolhas do passado e deixa a culpa guiar a sua vida atual?
- Quais mudanças perceptivas merecem sua atenção para uma vida mais leve?

O **remédio** para o sofrimento é compreender a vida, tornando as escolhas mais leves.

CAPÍTULO

08

O seu tempo
e o do outro

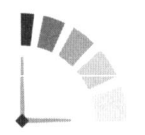

Ao nos tornarmos conscientes, adquirimos o essencial para organizar a "casa interna": compreender quem somos e o que desejamos. Quando vivemos inconscientes, tentando corresponder às ilusões do ideal de ego e ao ego ideal, é como se essa casa interna não estivesse sob nosso comando.

Imagine uma casa em que o dono não manda. Qualquer um chega sem avisar e faz o que quer. Uma pessoa diz que a decoração tem que ser moderna, a outra diz que tem que ser tradicional. Então o dono tenta agradar um e depois o outro. Com isso, a estética do lugar fica totalmente equivocada.

Há quem diga que é preciso cozinhar e há quem diga que é melhor pedir comida pronta. E o dono da casa, perdido, seguindo o que dizem, tenta agradar a todos. Tudo isso gera uma grande confusão, não é mesmo? Essa casa fica sem personalidade, sem um tom próprio, à mercê de tantas opiniões. Tornar-se consciente é como tomar posse dessa casa, colocando as próprias regras e o jeito de viver em primeiro lugar.

> **Quando descobrimos o que nos faz bem, o que nos importa e o que condiz com nossos valores e princípios, passamos a direcionar a vida com autenticidade.**

Quando descobrimos o que nos faz bem, o que nos importa e o que condiz com nossos valores e princípios, passamos a direcionar a vida com autenticidade. Colocamos ordem na casa interna e temos condições de tomar as melhores decisões, pois elas estão conectadas com quem somos. A partir disso, nossa história tem a chance de deixar de ser escrita pelas expectativas dos outros ou pelas crenças limitadoras e passa a ser escrita por nós mesmos.

Dessa forma, paramos de tentar agradar as pessoas e de tentar corresponder àquilo que não reflete a nossa essência, e a culpa por não agradar deixa de fazer sentido, bem como a frustração por não ser o que os outros esperam que sejamos – e que tomamos como ideal.

Estar bem na própria pele é começar uma jornada para se sentir mais livre e leve, e entender que a felicidade não está em fazer tudo ao mesmo tempo. Existe um tempo certo para cada coisa. E não é preciso ter prazer o tempo todo, mas saborear a vida com mais calma, escolhendo o que é prioridade no agora e o que se pode deixar para depois. A consciência traz o poder de ser dono da própria vida e imprimir o seu ritmo a ela.

Colocar os desejos em primeiro lugar não significa, no entanto, sair realizando todos sem medir as consequências. Somos mais do que desejos, não somos apenas prazer. Em um processo de análise como os que faço com meus pacientes, por exemplo, muitas informações novas vêm à tona. Usando uma linguagem coloquial, "é como se várias fichas caíssem".

Quando uma pessoa percebe que construiu toda uma vida desconectada da própria essência, pode sentir choque, revolta e vontade de mudar tudo de lugar. No entanto, existe uma realidade que já foi construída, pessoas que ama envolvidas e situações que quer preservar. Então, ao se tornar consciente, é preciso usar a sabedoria para negociar com ela mesma e fazer as melhores escolhas.

> Emoções por si só são ilógicas e, por isso, precisam de ação racional para que seja estabelecido o equilíbrio. Escolher com consciência implica ganhar de um lado e perder de outro, sabendo o que se está fazendo.

Costumo usar a metáfora do cavalo e da carroça para explicar como essa negociação se dá na prática. O cavalo representa a emoção; é a manifestação predominantemente emocional do "eu". De forma figurada, é como um cavalo que vai à frente dos nossos sentimentos, que nos influencia a agir de maneira ilógica, precipitada, intempestiva... sem pensar e sem ponderar as consequências.

Já a carroça representa a razão e a censura. É a parte dos sentimentos que usa a lógica para pensar em si, que em Psicanálise contemporânea se refere ao ego egocêntrico, ou para pensar nos outros, que se refere ao ego empático. É o que nos faz usar a lógica e a ponderação ao nos avaliar ou ao avaliarmos fatos e situações.

Nós somos o cocheiro que pondera, escolhendo como dosar a vida entre emoção e razão, ou seja, decidimos quando soltar ou puxar as rédeas. Assim, em cada situação da vida, negociamos atendendo simultaneamente às necessidades destas duas consciências que avaliam: uma, de maneira egocêntrica, e a outra, de maneira empática.

Essa negociação vai olhar para o que queremos e para o impacto que isso causa nos outros. Aliás, é importante frisar que sempre existirá em nós uma parte que nos faz pensar em nós e a que nos faz pensar nos outros. Portanto vivemos nessa dualidade, pois temos valores egocêntricos e empáticos. Diante disso, como fazer a melhor negociação para viver bem, feliz e sem sofrimento?

Primeiramente, vamos entender o conceito de dualidade. Ele se refere a coisas de mesma natureza que, nos extremos de suas intensidades, se excluem. Assim, o somatório das duas estruturas de padrões sempre atingirá os 100%. Por exemplo: a escuridão total é a ausência total de luz. Assim, na escuridão total temos 100% escuridão e 0% de luz. No entanto, em muitos ambientes, podemos encontrar uma variação na intensidade e na ausência de luz. Por exemplo, um ambiente pode estar 80% iluminado, o que significa que possui 20% de escuridão. O mesmo acontece com os nossos valores egocêntricos e empáticos, definidos pelo caráter.

Numa situação que requer paciência, uma pessoa pode ter um caráter 80% paciente, deixando que seu valor empático predomine, e 20% impaciente. Na prática, isso significa que ela está menos propensa a manifestar seus sentimentos de impaciência, que podem incluir agressividade, e intolerância, entre outros. Existem pessoas que são naturalmente pacientes, assim como há aquelas que são naturalmente impacientes.

A propensão a expressar um sentimento também pode variar de acordo com a situação e as pessoas envolvidas. Por exemplo, uma pessoa pode ser mais paciente ao lidar com os filhos, mas ser mais impaciente para se relacionar com um colega de trabalho. O desgaste de uma relação também afeta essa disposição, e isso se aplica a qualquer sentimento.

Todos nós apresentamos ambivalências ao decidir como vamos reagir a algo que se apresenta em nossa vida. Sempre temos a possibilidade de dar o tom que nos convém. Para fazer a melhor escolha de como agir, a sabedoria é essencial. E, a partir dela, iniciamos uma negociação interna para decidir à qual parte de nós dar vazão.

De um lado, estão os valores egocêntricos que nos fazem pensar só em nós mesmos, nos nossos interesses e necessidades, exigindo muito dos outros e quase nada da gente. Do outro lado, os valores empáticos, opostos aos egocêntricos, nos exigem agir pensando no próximo e na sociedade como um todo, exercitando a compreensão, o perdão, a ajuda, a escuta...

Temos liberdade para escolher o que será priorizado para o desenvolvimento dos nossos pensamentos e atitudes. A consciência é um balizador disso. Quando somos predominantemente influenciados pela consciência moral e empática, agimos com amor pelo outro, promovendo o desenvolvimento da compreensão, da doação, do respeito, do desprendimento, da fidelidade e da honestidade. Se não atendermos às exigências da nossa consciência empática de maneira adequada – ou seja, da maneira como consideramos ser a melhor a partir do que sabemos sobre nossa essência –, sentiremos culpa. Isso acontece quando temos uma atitude agressiva com alguém e nos arrependemos, sabendo que poderíamos ter escolhido outra forma de reagir àquela situação. A análise consciente de quais escolhas fazer é um aprendizado. Conforme nos policiamos para agir de acordo com nossa melhor versão, sentimos menos culpa e nos tornamos mais satisfeitos conosco.

Vale um alerta, no entanto, para não confundir empatia verdadeira com falsa empatia. A falsa empatia se manifesta quando fazemos o que os outros querem sem estarmos movidos pela convicção de que aquilo é o melhor para nós. Ou seja, fazemos para parecermos bons.

A falsa demonstração empática pode estar ligada à covardia, ou seja, à busca de segurança (fazer para evitar conflitos) ou à necessidade de reconhecimento (fazer para receber aplauso). E, para isso, abandona necessidades egocêntricas que também necessitavam ser consideradas, como lazer e descanso.

Uma pessoa verdadeiramente empática se dedica a se doar muito para os outros e realmente se sente preenchida pela vontade de ajudar. Nesse caso, ela não está buscando segurança nem reconhecimento e não sente que está se deixando de lado.

E como saber se estamos sendo verdadeiramente empáticos ou não? Mais uma vez, tornando-nos conscientes de quem somos e de quais são as nossas necessidades. Podemos e devemos, sim, buscar ser pessoas melhores e agir cada vez mais por empatia real, mas também precisamos ser honestos com nossas necessidades egocêntricas.

Há casos em que damos voz à porção egocêntrica, que nos faz agir com amor a nós mesmos, de maneira mais individualista. E não há nada de errado nisso. Dizer que é preciso descansar em vez de ajudar uma amiga a arrumar o guarda-roupas na casa nova, por exemplo, é ser honesto com as necessidades egocêntricas; o mesmo quando é necessário relaxar, cuidar de si, em vez de fazer horas extras no trabalho.

O equilíbrio entre a parte empática e egocêntrica deve ser sempre considerado para que as ações sejam autênticas. Agir com falsa empatia tem o efeito rebote de não trazer a segurança e o reconhecimento esperados. E a consequência disso será a frustração por, mesmo passando por cima das necessidades egocêntricas, não ter atingido o que se deseja.

Acontece quando o foco está em nós e somos contrariados em nossos interesses e necessidades, acionamos todas as defesas. Manifestamos, assim, atitudes agressivas, debochadas, irônicas e de desprezo.

Imagine uma reunião de trabalho em que um colega sugere algo inovador com potencial para beneficiar toda a equipe, mas alguém age na defensiva, pensando apenas em si mesmo, sendo debochado e demonstrando desprezo pelos outros, desqualificando a ideia sem considerar seus méritos. Nesse caso, essa pessoa estaria agindo de forma egoísta, desvalorizando os esforços e contribuições dos outros em benefício próprio. Uma pessoa muito egocêntrica costuma ser movida não apenas pelo egoísmo, mas também por ciúme, preguiça, vaidade, prepotência, presunção, orgulho etc.

Agir com sabedoria é nos permitir não gostar daquilo que nos incomoda, e usar a experiência para aprender a

O **equilíbrio** entre a parte empática e egocêntrica deve ser **sempre considerado** para que as ações sejam autênticas.

sofrer menos ao compreender os motivos por trás de cada situação desagradável ou ameaçadora que nos atinge. Em outras palavras, é saber lidar de forma equilibrada com a dualidade que nos fará sofrer menos.

Quando uma situação requer paciência, tolerância, resignação e perdão, o nosso lado egocêntrico e emocional reclama, pois ele precisa ser deixado de lado. Em compensação, entra em cena a porção empática, que nos torna capazes de compreender os porquês e renunciar momentaneamente aos nossos interesses, o que nos faz sofrer menos. Ao agir assim, provavelmente não desenvolveremos nenhuma desarmonia psicológica, como angústia e mágoas, nas situações desagradáveis.

Compreender nossos porquês é saber qual é o nosso propósito maior, o que nos torna resignados diante de uma situação que nos deixa desconfortáveis. Emocionalmente, temos o direito de não gostar da cara feia de alguém, de uma agressão ou mesmo de uma mentira. Nesses casos, podemos escolher agir com base na nossa compreensão racional empática do momento difícil que o outro enfrenta, do estado psicológico desarmonizado que ele demonstra, ou até mesmo dos valores morais que ele apresenta naquela fase da vida, das tendências egocêntricas que o influenciaram naquele momento etc.

Esse tipo de escolha se dá quando temos consciência de que a revolta, a mágoa, a indiferença e a vingança não só nos levam ao sofrimento, mas também outras pessoas, porque criam mais desarmonia do que entendimento. O nosso lado emocional egocêntrico só gosta do que é agradável ou do que é do nosso interesse, por isso reage de maneira emocional e agressiva quando é contrariado ou tem experiências desagradáveis.

Já o lado empático ama, ou seja, compreende o outro por meio do entendimento racional dos porquês. É possível amar mesmo sem gostar de algo, porque o amor está intimamente ligado ao grau de entendimento que desenvolvemos dentro de nós ao atender nossas necessidades empáticas e ao compreender as necessidades dos outros.

A harmonia interna se estabelece quando nossas escolhas são feitas sem culpa nem frustração. Para isso, precisamos atender simultaneamente os dois níveis de exigência racional: a egocêntrica e a empática. Fazendo uma avaliação racional e consciente, temos condições de agir pensando nos outros, ao mesmo tempo em que atendemos nossos interesses e necessidades de segurança e de reconhecimento. Interesses esses que só conhecemos quando nos tornamos conscientes. A força que move essa porção empática é o amor. O amor está intimamente ligado ao grau de entendimento que somos capazes de desenvolver. Filosoficamente isso se traduz em: amar ao próximo (empaticamente) como a si mesmo (egocentricamente).

Autoanálise

Não é simples alcançar o equilíbrio entre empatia e egocentrismo; como reiterei algumas vezes, é tudo uma questão de equilíbrio.

Reflita sobre as consequências emocionais de aceitar exigências externas, contrariando as suas necessidades egocêntricas. Pense em uma situação em que você agiu pensando somente em si e que aquele momento foi bom, frutífero. Agora pense naquelas em que o seu egocentrismo fez mal. Faça a mesma coisa com a empatia. Pense nas vezes em que ela foi benéfica e nas vezes em que você se deu mal sendo compreensivo, acolhedor demais. Agora sobreponha essas situações e tente achar uma solução mais equilibrada para essas experiências. Nem egocêntrica demais, nem empática demais, fazendo algo que não o levará à culpa nem à frustração. Você chegará ao alvo da qualidade nas suas escolhas: a negociação.

CAPÍTULO 09

Luz para o bem

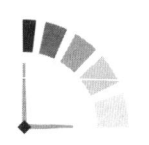

A busca pelo autoconhecimento e pelas escolhas que visam ao amor-próprio e a melhores relações é como um guia iluminado que nos mostra o caminho a seguir. Tornar-nos conscientes e capazes de fazer melhores escolhas e abrir espaço para decisões mais alinhadas com nossos valores mais profundos. Entender que amar a nós mesmos, dando atenção às necessidades egocêntricas, e amar ao próximo, por meio do cuidado com as relações, é fundamental para uma vida plena. Essa consciência nos impulsiona a contribuir de maneira positiva para o bem-estar não apenas individual, mas também coletivo, e a agir de forma tolerante e amorosa no mundo.

Ao avaliarmos as escolhas que fazemos no dia a dia, somos desafiados a considerar o modo como lidamos com as adversidades e prazeres que se apresentam em nosso caminho. Por meio desse processo, damos um novo significado às experiências dolorosas e transformamos sofrimento em aprendizado e crescimento.

É comum nos depararmos com uma autocrítica severa e a tendência de enxergar bondade apenas nos outros, mas, ao nos tornarmos conscientes, somos capazes de reconhecer nossas qualidades, o que favorece o desenvolvimento pessoal e a construção de relações mais saudáveis e autênticas. Não devemos nos deixar intimidar com o processo, mas usar o que foi descoberto para o bem. Se chegamos a um novo patamar de maturidade e sabedoria, devemos colocá-lo em prática e causar impacto na vida das pessoas. Iniciar essa corrente é uma forma poderosa de modificar a realidade em que estamos inseridos. Ser a luz na vida das pessoas é uma oportunidade de presenciar desdobramentos positivos.

O bem é sempre uma escolha. Ele pode encontrar a coragem para enfrentar as vulnerabilidades e nos permite crescer de forma genuína. O exemplo inspirador de indivíduos que transformam dor em ações positivas, como a mãe que cria uma ONG após a perda de um filho, evidencia o poder da resiliência e da empatia. Essas atitudes não apenas mudam a vida dessas pessoas, mas também reverberam para além, impactando positivamente outras. Chamo isso de "luz para o bem", por isso criei esse jargão que uso há mais de uma década.

Luz para o bem é usar a consciência. É trazer o conteúdo obscuro e desconhecido do inconsciente para a luz do consciente e usar essas descobertas para beneficiar a nós e aos outros. Que possamos utilizar essa luz interior para guiar nossos passos rumo a uma vida mais significativa e conectada com o propósito maior de amar e ser amado, tanto a nós mesmos quanto ao próximo.

Cada um de nós é como um diamante cheio de potencial de brilho e beleza, esperando o atrito produzido pela lapidação para que possamos revelar nosso esplendor. Nascemos com potencial para o bem, para a prática da empatia, do amor ao próximo. Assim quando nos tornamos conscientes, temos a chance de nos permitir melhorar através

Ser a **luz** na vida das pessoas é uma oportunidade de presenciar desdobramentos **positivos**.

das vivências conflitivas. A natureza dos seres humanos tende a ser empática. Usar a luz da consciência para o bem significa estar atento às situações do cotidiano em que ela se faz necessária.

Quando você estiver predominantemente irritado, em vez de procurar motivos para validar sua irritação, procure reduzir a impaciência que o domina naquele momento. E isso só é possível por meio do uso racional do poder empático, que potencializa um estado maior de compreensão e paciência diante das dificuldades e restrições do momento.

Quando usamos a luz para o bem, entendemos que toda a mudança que queremos depende apenas de nós mesmos. Portanto, não precisamos mudar nada além da nossa casa interna. Ao alterar a percepção que temos da vida e a forma como agimos, impactamos o ambiente e, naturalmente, o comportamento das pessoas.

Se impusermos limites em determinadas situações, as pessoas terão uma nova reação. Se colocarmos amor onde antes estava a raiva, é certo que também teremos um resultado diferente. Buscando respostas dentro de nós mesmos, nossa realidade pode mudar, pois encontraremos informações que nos trarão uma nova orientação perceptiva. Esse novo conteúdo vai se consolidar e será introjetado, restaurando valores anteriores, transformando para melhor o nosso caráter, a nossa personalidade e, consequentemente, as nossas atitudes.

Autoanálise

Em sua opinião, o ser humano é produto do meio em que vive?

Avalie qual é a conduta ideal para que o amor seja propagado e uma verdadeira mudança na realidade ao seu redor aconteça. Perceba que o ser humano influencia o meio em que vive através de suas condutas. O meio é o resultado dos valores produzidos por ele.

CAPÍTULO

10

O depois

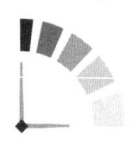

Algumas linhas de pensamento muito em evidência atualmente defendem a necessidade de agir no hoje. Há diversos livros que enfatizam os benefícios do agora. Tem até poeminha na internet falando disso: "Depois? Depois o café esfria, a prioridade muda, o encanto se perde, depois o cedo fica tarde, depois a saudade passa, depois a sua ausência não é mais sentida, depois o que você queria pode ser que não queira mais...".

Será que precisamos estar "*on*" o tempo todo? Será mesmo que os melhores momentos, as experiências mais incríveis e as oportunidades imperdíveis estão realmente concentradas no dia de hoje? Vejo como pessimista essa ideia de "viver o agora", porque por trás dela vem uma espécie de ameaça, como se a vida fosse acabar toda vez que uma oportunidade é perdida.

Seguindo essa linha de raciocínio, o depois se torna um lugar ruim de se estar, como se nada de bom pudesse acontecer nele. Como se fosse apenas um limbo de arrependimento por aquilo que não foi feito, inundado por frustração, sensação de desperdício de tempo, perda de oportunidades – e até mesmo de amores. Deixar a vida para depois soa como permitir que a felicidade escorra por entre os dedos.

Tenho um olhar cético para essas "verdades" que determinam regras para sermos felizes. E o pior é que quando não conseguimos segui-las, ficamos com o resquício da culpa e da autocobrança. Isso tudo perde o sentido quando estamos conscientes, pois temos condições de escolher o que queremos agora e o que vamos deixar para depois, sem sofrimento. Não estamos falando de procrastinar, de nos deixarmos levar pela preguiça. Estamos falando de viver uma vida mais genuína com base nas nossas escolhas.

Retomo aqui a provocação que trago no título do livro. Quando você se torna consciente, deixar a vida para depois pode ser uma escolha em determinados momentos. O conceito de adiamento de gratificação é crucial. Freud, em *O ego e o id*, discutiu a importância do controle dos impulsos do id pelo ego para a formação de uma personalidade madura e equilibrada. Esse controle envolve a capacidade de adiar a satisfação imediata dos desejos em favor de metas de longo prazo, que podem trazer benefícios mais duradouros e significativos.

Deixar a vida para depois, neste contexto, pode ser visto como uma expressão de maturidade emocional. Significa reconhecer que nem todas as necessidades devem ser atendidas de imediato e que o planejamento cuidadoso e a paciência podem levar a uma realização mais plena. Isso se alinha com o desenvolvimento do ego, que busca mediar entre os impulsos instintivos do id e as exigências da realidade.

Além disso, a capacidade de adiar gratificações imediatas em prol de um bem maior pode estar associada à construção de um futuro mais estável e gratificante. Freud, em *Formulações sobre os dois princípios do funcionamento mental*, ao abordar suas teorias sobre o desenvolvimento do ego, sugeriu que a capacidade de planejar e esperar é um sinal de uma personalidade saudável.

"Deixar a vida para depois" não precisa ser visto apenas como uma renúncia, mas como uma escolha consciente e estratégica para alcançar um futuro mais satisfatório e gratificante. É um ato de equilíbrio entre o presente e o futuro, que, quando bem manejado, pode levar a uma vida mais plena e realizada.

Deixe para depois o que não precisa ser feito hoje. Viva o hoje com as escolhas que lhe fazem bem. Imprima à sua vida o ritmo do seu compasso interno, que fica claro quando se vive de forma consciente. Aproprie-se de quem você é neste instante, na certeza de que você está completo. Nada lhe falta, mesmo que você tenha sonhos a serem realizados. Cada experiência virá ao seu tempo, sem atropelar os acontecimentos. Quando você se torna consciente, deixa de se sentir em débito com a vida e tem a chance de se sentir preenchido de si mesmo.

E assim concluímos esta breve jornada de descobertas, o seu primeiro passo rumo à felicidade da vida real. Aquela que não vem sem desafios e que depende da dualidade da vida para fazer sentido. Mas agora que você já sabe disso, vai ficar mais fácil abrir todas essas gavetinhas aí para analisar até que ponto você vem se responsabilizando por suas ações e tomando decisões conscientes.

Quando nos conhecemos melhor, temos maior consciência da causa do nosso vazio, de quem somos realmente e de como as opiniões e expectativas alheias regem a nossa vida.

E quando você atingir a plena sabedoria que vem junto com a consciência sobre suas ações, espalhe luz, a luz para o bem.

Aproprie-se de quem **você é** neste instante, na certeza de que você está **completo**.

Nada lhe falta, mesmo que você tenha **sonhos** a serem realizados.

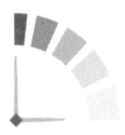

Referências bibliográficas

BAUMAN, Z. *Modernidade líquida*. Rio de Janeiro: Zahar, 2001. pp. 7-9.

BENJAMIN, W. A obra de arte na era de sua reprodutibilidade técnica. *In: Estudos sobre a obra de arte*. São Paulo: Editora Brasiliense, 2017.

BENJAMIN, W. Passagens. *In: Obras escolhidas*. São Paulo: Editora Brasiliense, [s.d.].

BION, W. R. Aprendendo com a experiência. Rio de Janeiro: Imago Editora, 1970.

DE BOTTOM, A. *Why You Will Marry the Wrong Person*. The New York Times, 29 maio 2016. Disponível em: https://www.nytimes.com/2016/05/29/opinion/sunday/why-you-will-marry-the-wrong-person.html. Acesso em: 10 jan. 2025.

FONAGY, P.; TARGET, M. *Teorias psicanalíticas:* Perspectivas da psicopatologia do desenvolvimento. São Paulo: Artmed, 2003.

FREUD, S. (1912). A dinâmica da transferência. *In*: *Edição standard brasileira das obras completas de Sigmund Freud*. v. 12: o caso Schreber, artigos sobre técnica e outros trabalhos (1912). Rio de Janeiro: Imago Editora, 2006.

FREUD, S. A interpretação dos sonhos. *In*: *Edição standard brasileira das obras completas de Sigmund Freud*. v. 4-5. Rio de Janeiro: Imago Editora, 2006.

FREUD, S. Além do princípio de prazer, psicologia de grupo e outros trabalhos. *In*: *Edição standard brasileira das obras completas de Sigmund Freud*. v. 18. Rio de Janeiro: Imago Editora, 2006.

FREUD, S. Análise terminável e interminável. *In*: *Edição standard brasileira das obras completas de Sigmund Freud*. v. 23: Moisés e o monoteísmo, Esboço de psicanálise e outras obras (1937). Rio de Janeiro: Imago Editora, 2006.

FREUD, S. Arruinados pelo êxito. *In*: *Edição standard brasileira das obras completas de Sigmund Freud*. v. 14. Rio de Janeiro: Imago Editora, 2006.

FREUD, S. Dois verbetes de enciclopédia. *In*: *Edição standard brasileira das obras completas de Sigmund Freud*. v. 18. Rio de Janeiro: Imago Editora, 2006.

FREUD, S. *Edição standard brasileira das obras completas de Sigmund Freud*. v. 18: Além do princípio de prazer, Psicologia de grupo e outros trabalhos (1923-1925). Rio de Janeiro: Imago Editora, 2006.

FREUD, S. Formulações sobre os dois princípios do funcionamento mental. *In*: *Edição standard brasileira das obras completas de Sigmund Freud*. v. 12. Rio de Janeiro: Imago Editora, 2006.

FREUD, S. Luto e melancolia. *In: Edição standard brasileira das obras completas de Sigmund Freud.* v. 14. Rio de Janeiro: Imago Editora, 2006.

FREUD, S. O ego e o id. *In: Edição standard brasileira das obras completas de Sigmund Freud.* v. 19. Rio de Janeiro: Imago Editora, 2006.

FREUD, S. O mal-estar na civilização. *In: Edição standard brasileira das obras completas de Sigmund Freud.* v. 21. Rio de Janeiro: Imago Editora, 2006.

FREUD, S. *Obras completas volume 12*: Introdução ao narcisismo, ensaios de metapsicologia e outros textos. São Paulo: Companhia das Letras, 2010.

FREUD, S. *Obras completas volume 17:* O futuro de uma ilusão e outros textos. São Paulo: Companhia das Letras, 2014.

FREUD, S. Perspectivas futuras da terapia psicanalítica. *In: Edição standard brasileira das obras completas de Sigmund Freud.* v. 11: cinco lições de psicanálise, Leonardo da Vinci e outras obras (1910). Rio de Janeiro: Imago Editora, 2006.

FREUD, S. Repressão. *In: Edição standard brasileira das obras completas de Sigmund Freud.* v. 14. Rio de Janeiro: Imago Editora, 2006.

FREUD, S. Sobre o narcisismo: uma introdução. *In: Edição standard brasileira das obras completas de Sigmund Freud.* v. 14. Rio de Janeiro: Imago Editora, 2006.

FREUD, S. Três ensaios sobre a teoria da sexualidade. *In: Edição standard brasileira das obras completas de Sigmund Freud.* v. 7. Rio de Janeiro: Imago Editora, 2006.

FREUD, S. Uma dificuldade no caminho da psicanálise. *In*: *Edição standard brasileira das obras completas de Sigmund Freud*. v. 17: uma neurose infantil e outros trabalhos (1917-1918). Rio de Janeiro: Imago Editora, 1976.

GABBARD, G. O. *Psiquiatria psicodinâmica na prática clínica*. Porto Alegre: Artmed, 2005.

HAN, B. *Sociedade do cansaço*. Petrópolis: Editora Vozes, 2015. pp. 30-31.

HERMAN, D. Introducing short-term brands: a new branding tool for a new consumer reality. *Journal of Brand Management*, vol. 17, n. 4, pp. 266-274, 2000.

KERNBERG, O. F. *Agressão nas personalidades patológicas e perversões*. Porto Alegre: Artmed, 1997.

LACAN, J. O estádio do espelho como formador da função do eu tal como nos é revelada na experiência psicanalítica. *In: Escritos*. Rio de Janeiro: Zahar, 1998.

LAPLANCHE, J.; PONTALIS, J.-B. *Vocabulário da psicanálise*. São Paulo: Martins Fontes, 1992.

LIPOVETSKY, G. *A era do vazio*: ensaios sobre o individualismo contemporâneo. Barueri: Manole, 2005.

RICOEUR, P. *Freud*: uma interpretação da cultura. Rio de Janeiro: Imago Editora, 1977.

WINNICOTT, D. W. *Os processos de maturação e o ambiente facilitador*: estudos sobre a teoria do desenvolvimento emocional. Rio de Janeiro: Imago Editora, 1965.

YALOM, I. D. *Mentiras no divã*. Rio de Janeiro: HarperCollins, 2019.

Acreditamos nos livros

Este livro foi composto em *Karmina*
e impresso pela Lis Gráfica para a Editora
Planeta do Brasil em fevereiro de 2025.